JN193273

Sankei Nikki

朝日文左衛門の参詣日記

二つの社と二つの渡し

大下 武

OSHITA Takeshi

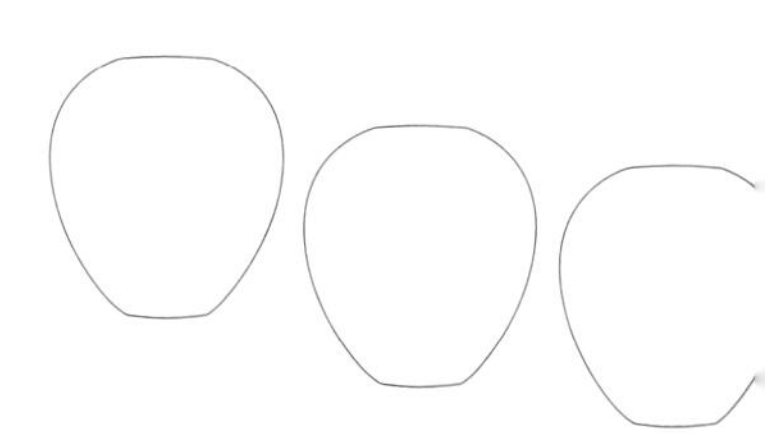

ゆいぽおと

朝日文左衛門の参詣日記

二つの社と二つの渡し

大下　武

はじめに

むかし、神宮参拝の帰りに二見浦(ふたみうら)の旅館街を歩いていて、どこの家の玄関にも注連縄(しめなわ)が張ってあり、その中央に「蘇民将来子孫家(そみんしょうらいしそんのいえ)」と書いた木札が取りつけてあるのに気づいた。正月はとっくに過ぎたというのに、すべての家の玄関戸の上に蘇民将来の木札がかかっている。さすがに気になって、旅館の表で涼んでいたお婆さんに理由(わけ)を尋ねると、奥に向かって大声で質問を繰り返した。暫らくすると奥から「いま風呂に入ってるから」と若い女性の声が返ってきて、どうにも具合が悪くなり「また後で……」と言葉を濁しながら、その場を離れた。

隣の土産物店の女性がこれを見ていたらしく、「案内書があるから」と誘ってくれた。その案内書に蘇民札の由来は書かれていなかったが、旅館街の区長さんが通りがかりに話に加わり、当然地元の事情にはくわしく、隣り村の松下に牛頭（スサノオ）信仰で知られた「蘇民の森」があることや、「道の駅」なら牛頭天王の蘇民札が手に入るかもしれないと教えられ、「近くに軽(ケイ)を置いてあるから」と、そのまま蘇民の森「松下社」へ案内された。

この話の結末は以前何かに書いたので略すが、以来、アマテラスの総本家である伊勢神宮のすぐ隣りに、神話の世界で激しく対立したスサノオを祀る松下社の存在する不思議が、ずっと頭から離れなかった。

ここ何年か尾張藩士朝日文左衛門のことを調べているが、朝日家は名古屋東照宮の神官吉見家と懇意にしていることもあり、敬神の念が強く熱田社や津島牛頭天王社へは毎年参詣している。この二社は、先のアマテラスとスサノオ（牛頭）の関係に似る。

津島牛頭天王社は、京都の祇園社（祇園感神院、いま八坂神社）と並ぶ、牛頭信仰の双璧である。

一方の熱田社の主神は、クサナギの剣である。クサナギの剣は、ヤマトタケルが東征に出かけたおり、伊勢神宮の伯母ヤマトヒメから「な怠りそ」の言葉とともに授けられた神剣で、スサノオがヤマタノオロチの尾を切裂いて得た剣であり、アマテラスに献上されたのち、天孫降臨のとき三種の神器の一つとして地上に降され伊勢に祀られた。これがヤマトヒメからヤマトタケルに授けられ、東征を終えたのち尾張熱田のミヤズヒメに託され、熱田社で祀られるにいたった。

当初は熱田社の主神として正殿に祀られていた神剣が、いつしか土用殿に移され、正殿には神剣にかかわる五座の神、すなわちアマテラス、スサノオ、ヤマトタケル、ミヤズヒメ、タケイナダネ（火明命の十二代の孫、尾張氏の祖）が祀られた。五座のうちスサノオはクサナギ剣に関わってのことで、のちに習合した牛頭天王の性格とは無縁である。三種の神器のひとつを祀る熱田社は、基本的には天皇家の祖神を祀る伊勢神宮に近いのである。

尾張国の西の出入口「津島」に牛頭が祀られ、南の出入口「熱田」にアマテラスが祀られた。出入口というのは比喩ではなく、津島（のちに佐屋）は木曽川水系を経て桑名と結ぶ「三里の渡し」、熱田は伊勢湾岸をかすめて桑名と結ぶ「七里の渡し」の湊で、文字通り尾張国の玄関口なのだ。

今回は「二つの神社と二つの渡し」をテーマに、『鸚鵡籠中記』の関係記事を拾い出してみた。二社参詣の折の、手引きになればと思う。
※「橋（天王橋）のもとより舟十余艘……桑名まで河水三里」（『宗長日記』）

朝日文左衛門の参詣日記

二つの社と二つの渡し

もくじ

第三章　津島神社のこと……93

第一章　熱田神宮のこと

一　熱田にまつわる伝説

『海道記』という鎌倉時代の紀行文がある。作者は『方丈記』の鴨長明とされてきたが、現在は「学識のある遁世者」とだけで、作者を特定していない。貞応二年四月四日（西暦一二二三年六月一日）に都を発ち、鈴鹿越えで東海道を下り、鎌倉まで十四日の紀行を書き留めたもので、『東関紀行』や『十六夜日記』とともに「中世三大紀行文」とされている。その中に、鳴海潟越しに熱田を振り返り、蓬莱島を連想する次の一文が載っている。

○四月八日、萱津を立ちて鳴海の浦に来たり。熱田の宮の御前を過ぐれば、……この浦を遥かに過ぐれば、朝には入潮にて、魚に非ずは游ぐべからず。昼は潮干潟、馬をはやめて急ぎ行く。……中上には、一葉の舟かすかに飛びて、白日の空にのぼる。かの侲男の船のうちにして、などや老いにけん。蓬莱嶋は見ずとも、不死の薬は取らずとも、波上の遊興は、一生の歓会、これ延年の術に非ずや。　老いせじと　心をつねにやる人ぞ　名をきく嶋の　薬をもとる

※　萱津を出て鳴海の浦に至り、熱田宮の前を過ぎれば……この浦を遠く過ぎると、朝は満潮で魚でないから泳げない。昼には干潟が現れるので馬を急がせ渡る。　……沖にかすかに浮かぶ船は真昼の空にのぼるかのようだ。あの幼い子たちは、船の中でどうして皆年老いてしまったのか。たとえ蓬莱嶋を見ず不死の薬を取らなくても、波の上での遊興は一生の喜びであり、それこそ延命法ではなかったか。「老いまいと、常に心を晴れやかにしている人こそ、有名な蓬莱島の薬を得て、長生きをするのだ」

通説では、熱田を蓬莱に見立てたもっとも古い史料とされる。

萱津は甚目寺に近い五条川右岸の鎌倉街道の宿駅で、史料では「かやつ」、今は「かやづ」と濁る。

鎌倉時代の将軍の下向記事に「昼黒田、夜萱津」（『吾妻鏡』）とあり、萱津宿での泊まりが慣例であった。黒田宿（現一宮市）から萱津宿までは四里ほど、萱津宿から熱田へは、五条川と庄内川の合流点を渡河し、対岸の稲葉地東宿から上中村、米野村、露橋村を通り、笈瀬川の分水地点を東へ折れて金山近くの西古渡で熱田台地に上り、美濃路（名古屋路）を南下して熱田宮に到った、と考えられる。

『海道記』に「この浦（鳴海の浦）をはるかに過ぐれば……昼は潮干潟、馬をはやめて急ぎ行く」とあり、潮が満ちる前に大急ぎで鳴海の潟を渡る様子は、『更級日記』の描写「鳴海の浦を過ぐるに夕汐ただ満ちに満ちて……あるかぎり走りまどい過ぎぬ」に重なる。二つの記述の間には二百年の開きがあるが、通ったのは同じ「桜台と古鳴海」を結ぶルートで、後の「笠寺と三王山」を結ぶ東海道のルートよりずっと内陸にあたる。当時はそこまで潮が及んだのだろう。

鳴海へ渡ったあと、浦越しに熱田のほうを振り返り、沖に浮かぶ船を見つけて、蓬莱島を尋ねる人たちの歌を詠んだ。このあたりの話は、徐福伝説を知らないと意味がわからない。

呼続浜の古覧（『尾張名所図会』）

○斉の人徐市（徐福）らは、秦の始皇帝に「東海の果てに三神山があり、仙人たちが住んでいます。私どもは無垢の童男童女らと、この神山を探しに行きたい」と上書し、童男童女数千人を連れて出かけたが数年後に帰国。「蓬莱に辿り着けば不死の薬は手に入るのですが、いつも巨大サメに邪魔されます。弩の名手を同道させていただければ…」と報告した。（『史記』始皇帝本紀二八年）

おなじ『史記』でも列伝の方は、より詳しく記している。

○道士徐福は不死の薬を求めて東の海上の仙人の島へでかけ、帰って復命した。海の大神に何を探しているかと問われ「延命長寿の仙薬」と答えたところ、「秦王の供物が少ないので手に入れることは出来ない」と言われ、東南の蓬萊山へ連れて行かれた。そこの仙界の海神に、どんな品を献上したらよいか尋ねると、「良家の子女と器械や道具を献上するよう」求められた。

この報告を聞いた始皇帝は大いに喜び、すぐに少年少女三千人と五穀の種子、器物や道具を添えて旅立たせた。徐福は広い平野と沼のある島にたどり着き、そこに居ついて自ら王となり、二度と帰ってこなかった。（『史記』准南・衡山列伝）

※『史記』前漢武帝の時代を生きた司馬遷が、太史令の職を活用して史料整理と遊歴の知識を得、一六年をかけて完成した世界史上初の通史。中国三千年の歴史書。紀元前九三年ころ完成、本紀一二巻、列伝七〇巻など、全一三〇巻。

始皇帝は斉の道教の僧「徐福（徐市）」に、まんまと騙された。この司馬遷の記述から九百年ののち、唐の詩人白居易は、仙薬を求める愚を戒め、「海漫漫」を詠んだ。

○海漫漫たり、直下に底なく旁に辺無し、雲濤煙浪最も深き處、人は伝う中に三神山あり、
山上多く生ず　不死の薬、これを服せば羽化して天仙となると、秦皇と漢武は此語を信じ、
方士　年々　薬を采り行く、蓬莱　今古ただ名を聞くのみ、煙水茫茫として　覓むる処なし、
海は漫漫たり、風は浩浩たり、眼を穿つも　蓬莱島を見ず、蓬莱を見ずんば、敢えて帰らず、
童男丱女　舟中に老ゆ、徐福　文成　誑誕なること多く、上元　太一　虚しく祈祷す、
君看よ　驪山の頂上　茂陵の頭、畢竟　悲風　蔓草を吹く、何ぞ況や　玄元聖祖の五千言、薬をいわず、仙をいわず、白日　青天に昇るをいわざるをや

※海は広大で底知れず、果てしない。最も深い処に三神山があり、そこに不死の薬を飲めば羽化登仙できるという。

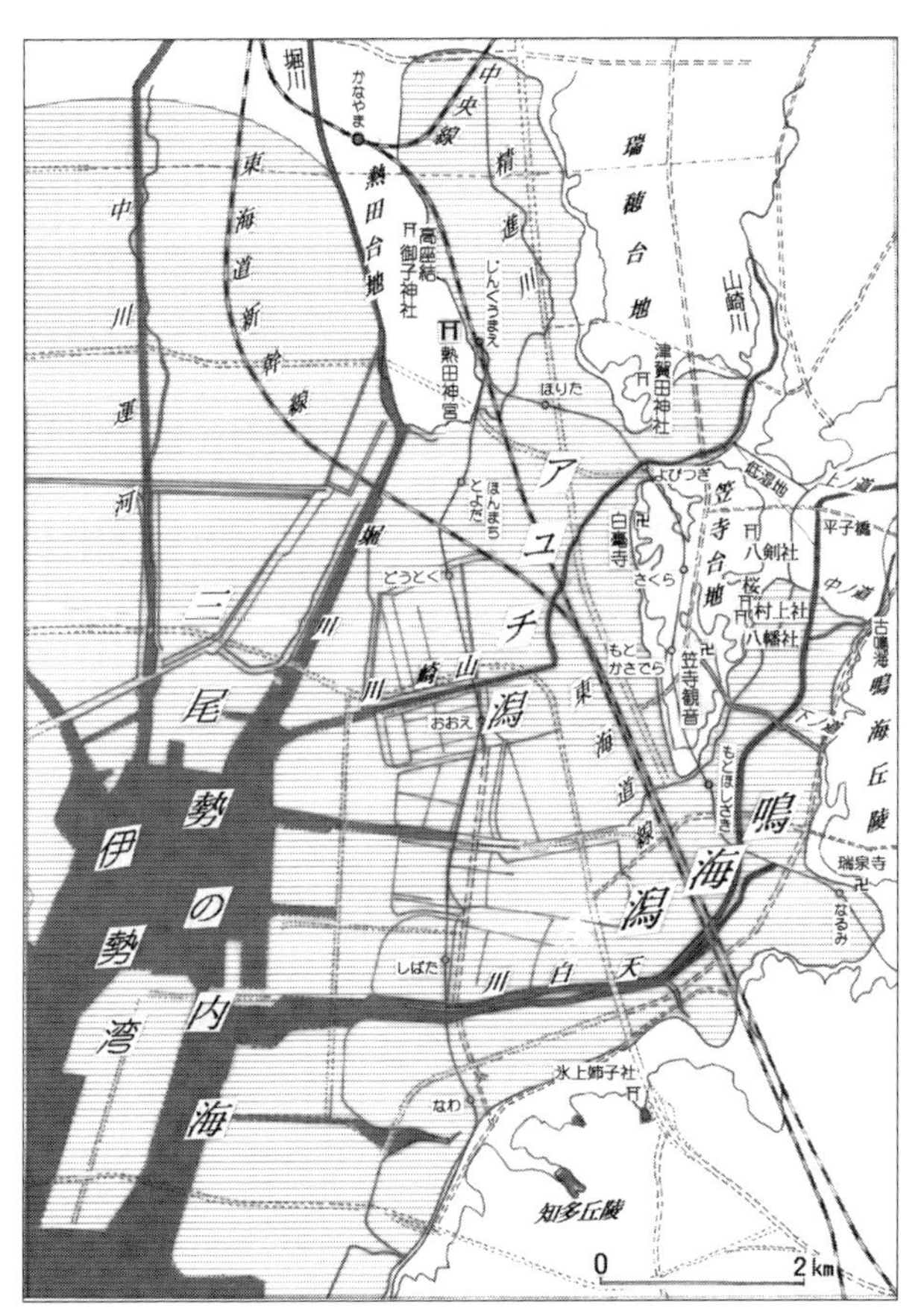

あゆち潟とその周辺
（明治 33 年発行 5 万分の 1 地形図「熱田町」と平成 13 年発行同「名古屋南部」を使用）

秦の始皇帝と漢の武帝はその言を信じ、毎年方士に薬を探させたが、蓬莱は名ばかりで水煙がたちこめ、何処にも見つからない。海は漫漫、風吹きわたる。穴が開くほど見つめても蓬莱島は見つからない。帰国もできず、連れて行った若い男女は船中でただ老いていった。皇帝らは徐福や文成の嘘を信じて天上の神々に祈るも、甲斐なく、始皇は驪山の頂に、武帝は茂陵に葬られ、悲しい風がつる草に吹き付けている。神仙の元祖である老子の道徳経五千字の中に、薬や仙人のことはないし、空を飛びまわることも書かれていない。

徐福らに率いられた童男丱女が「船中に老いゆく」結末が詠われている。丱女とは聞きなれない表現だが、髪をあげまきにした幼女のこと、「海漫漫」は『白氏文集』に収められ、九世紀半ばに日本へ伝わり、貴族社会必読の書となった。先の『海道記』の記述が、この白居易の詩を下敷きにしているのは明らかだろう。蓬莱島が見つからず、ただ船中に老いていった男女らが、更にその先どうなったのか誰にもわからないが、作者は「船中の男女にも、それなりの喜びがあっただろう」と、やさしく思い遣っている。徐福らが蓬莱島を求め東海の彼方をめざして出港し、たどり着いたと想像されるのが山東の東方に位置する日本列島である。では列島の何処だったのか、列島各地で上陸地点の探索がはじまり、やがて幾つもの「徐福伝説地」が生まれた。

それから百五十年後に書かれた『義楚六帖』に、徐福が男女を連れて日本に到着したこと、その場所は富士山で、別名が蓬莱であること、彼らの子孫は秦氏であること、などが記された。

○日本国またの名倭国、東海中、秦のとき徐福、五百童男と五百童女を将いて、この国に止まる。……日本国弘順大師云う。また東北北千余里に山あり。名は富士、またの名は蓬莱。徐福、これに止まり蓬莱と謂う。いまに至り、子は皆称して秦氏という。彼の国は古今に侵奪する者なく、竜神報護す。（『義楚六帖』巻二一・国城州市部四三／釈義楚撰、後周の顕徳元年・西暦九五四年に成立）

徐福の伝承地は、いま鹿児島県、宮崎県、福岡県、佐賀県、三重県、和歌山県、愛知県、山梨県、京都府、青森県など、全国に及んでいるが、そのうち「蓬莱島の伝説」と「楊貴妃伝説」が重なったのはおそらく愛知の熱田神宮だけで、そのことを最初に記したのが、『渓嵐拾葉集』である。

○蓬莱宮は熱田社是なり。楊貴妃はいま熱田明神是なり。此の社のちに五輪塔婆有り。楊貴妃の墳墓なり。

※『渓嵐拾葉集』叡山の慈眼坊光宗が応長元年（一三一一）から貞和四年（一三四八）にかけ天台宗の行事や作法

さらに俗信仰や文芸にも触れ、百科全書的な体裁をとる。

冒頭の『海道記』よりおよそ百年のちの書だが、『海道記』では今一つはっきりしなかった熱田と蓬莱との関係に、「熱田社こそ蓬莱宮である」と断ずる記述を加え、新たに「熱田大神は楊貴妃と同じ」とし、「貴妃の墓は熱田社にある」としている。

こうして二つの伝説は重なり合い、やがて時空を超えた大きな物語にまとまる。

『雲州樋河上天淵記』は、天智朝の沙門道行による熱田社の宝剣盗難事件を記したあと、聖武・孝謙帝時代の出来事として「楊貴妃と熱田宮のかかわり」を次のように記した（口語訳）。

○唐の玄宗は権勢の果てに、日本国を奪おうと考えた。ときに日本では神々が集まって協議し、熱田の神を楊家の貴妃に生まれ変わらせた。玄宗は妃に心を奪われ、日本国奪取の気を失った。役目を終えた楊貴妃は馬嵬に没したが、実際は尾張国知多郡の内海の浦に船で着き、熱田宮へ帰って来た。

※『雲州樋河上天淵記』群書類従第二輯、神祇部・巻第二八、昭和五年、所収。

これには続きがある。

○是（内海の浦）より西の島に唐の楊国忠が守観音あり。されば方士、玄宗の詔を請けて貴妃の魂の在処を尋ねて熱田の蓬莱宮に到り、貴妃に逢いて離山宮の私語、玉の鈿を方士にあたえ、玄宗への伝言こまごまと云いおくり、方士帰りて玄宗に貴妃の筐の品々をささげ侍り。貴妃の魂のとどまりし所なれば、楊国忠の守りの本尊を、ほとりの島におさめ侍るも理なり。

※『三河雀』巻四「長田蟹のこと」より。

内海の西の島が、具体的にどこを指しているのかわからないが、そこに楊国忠の守観音をまつる場所があるという。楊国忠は楊貴妃の従兄で、玄宗に取立てられ宰相になった人物である。

玄宗は楊貴妃が忘れられず、方士に「死後の魂の行方」を尋ねさせた。白居易の『長恨歌』はその様子を次のように詠い、『三河雀』はこの話を取り込んだ。

○玄宗の命をうけた方士は、天空から地底まで隈なく探し、ついに海上の仙山に手がかりを得て訪ねた。その仙山とは蓬莱宮（つまり熱田宮）で、そこに仙女の太真（楊貴妃）がいた。彼女は螺鈿の箱と黄金の簪を二つに割って片方を方士に与え、さらに自分に会った証として七月七日の夜半に長生殿で玄宗と交わした私語《天にありては願わくば比翼の鳥となり、地にありては願わくば連理の枝とならん》の言葉を託した。

（「長恨歌」第一〇段から第一四段までの要約。（　）内は筆者追加）

方士（神仙の道術者）は帰国したのち玄宗に形見の品と二人しか知らないはずの睦語を伝え、出会った証とした。内海の浦は楊貴妃の魂がとどまった場所だから、従兄楊国忠の守護観音が近くの島に祀られているのも、理に適ったことである、と。

この話は、まだ終わらない。『尾張名所図会』は、次の話を伝えている。

○大慈山岩屋寺　岩屋寺村にあり。天台宗野田密蔵院末。もと巌窟寺と書けり。霊亀元年の創建、聖武帝の勅願、行基菩薩を以て開山とす。……本尊千手観音は、文殊菩薩の鋳たまう閻浮檀金の尊像にして、唐の楊貴妃の守本尊なりしが、衆生済度のため、大海の潮に漂い、此の地に来たりたまう。

楊貴妃の古事（『尾張名所図会』）

岩屋寺（『尾張名所図会』）

其の頃須佐村の土民に藤六といえる正直一偏の者あり。かの霊像藤六へ夢中に告げさせ給うは、是より北に当って岩窟あり。諸神影向の清浄界なり。いそぎ其の地へ我を遷すべしとの霊夢にまかせし、これその浄域なり。近世当郡八十八箇所の札所を定めし其の第一にして、有信の参詣常に絶ゆることなし。（『尾張名所図会』巻六）

いまは岩屋寺を岩屋寺と呼ぶ。本字は「巖窟寺」。南知多町の山海にあり、尾張高野山と呼ばれる。昭和二四年に春日井の密蔵院から離れ、尾張高野山宗として独立した。

この寺の本尊は千手観音像で、実は「楊貴妃」の守本尊という。先の『三河雀』の「楊国忠」が、いつの間にか楊貴妃に代わっている。『尾張志』岩屋寺の項にも「千手観音は唐の楊貴妃が持念仏」とある。この像が波間を漂いながら内海へ近づき、やがて須佐村の土民藤六の夢に現われて、「我を須佐浦（豊浜）の北にある岩窟に祀れ」と託宣し、正直者の藤六は霊夢にしたがった。

別に伝わる寺の縁起伝説では、藤六が「長春」になり、『本国名勝志』では「須佐の掃部助長治」が寺を草創し、祀ったと記す。

この岩屋寺の十一面観音像や什物が江戸時代に日置の法蔵寺で御開帳になった。朝日文左衛門は『鸚鵡籠中記』元禄十年（一六九七）三月条に、次のように記す。

○五日より廿五日迄、日置村法蔵寺にて、智多郡大慈寺岩屋寺本尊、并びに十一面観音什物開帳なり。唐本の一切経あり。日本の宝徳三年奥書あり。（元禄一〇年補遺三）

はて、日置に法蔵寺などあっただろうか。知られているのは名古屋市西区新道の田中山法蔵寺で、芭蕉句碑の鴫塚（「刈跡や早稲かたかたの鴫の声」）が建つ。もう一つは中村区名駅南二丁目にある久住山法蔵寺で別名八角堂、二代藩主光友により名古屋城内にあった八角の聖堂が移されたが、昭和六年に焼け、いまは新しく再建されている。『旧版名古屋市史』はこの八角堂を「水主町一丁目（もと広井村）に所在」と記しており、日置村ではない。堀川の西を流れる江川（現在の江川通）より西は当時農村で、北から広井村、日置村、古渡村と並んでいた。いまの地図では、新洲崎橋（若宮大通）が「広井村と日置村の境」になる。

諦めきれずに「元文三年名古屋図」に当たって、漸く日置橋の東詰辺に観福寺と向い合う法蔵寺を見つけた。『市史』社寺編に日置山観福寺は載るが、法蔵寺の方は見当たらない。観福寺の説明に「元文六年（一七四一）正月に類焼し、のち再建した」とある。『名古屋の火災記録集成』の元文六年には「正月二日子刻過ぎ日置橋の東から出火し橘町・飴屋町まで。長栄寺の門をかすめ、南は東本願寺の際まで焼けた」とある。今の松原二・三丁目から橘一丁目まで及んだ大火で、区域の寺々も焼け、観福寺は再建されたが法蔵寺は再建されなかったということか。楊貴妃念持仏の十一面観音が開帳された法蔵寺について、いま調べられるのはそこまでである。

ところで、熱田宮の楊貴妃伝説を記す書は、いまひとつ出所がはっきりしていない。

『雲州樋川上天淵記』は「群書類従」神祇部の末尾に収録されているが、大永年間（一五二一〜二八）の書とされる以外、著者等は不明である。「東福寺の僧が出雲を旅し八岐大蛇の伝承を集めた」とする説もあるそうだが、出典は明らかではない。

つづく『三河雀』は宝永四年の序に「国々辺の里見聞せし霊奇の所書集れば、四冊の書となれり。三州御油駅・花翁」とあるものの、花翁が誰を指すのか長くわからなかった。しかし『三河雀』を収録した『近世三河地方文献集』の解題に、「御油の林家系譜」が次のように記されている。

○林家三十五代ノ主、通称五郎太夫、小名丈夫、号花翁、身長六尺五寸有余、強力ニシテ剣法ニ達シ、門人五百有余人。又三宝院下御油組ヲ開ク。三河雀ヲ著ス。妻ハ柳生但馬守ノ女、延享元年四月六日卒去。

この家譜により、『三河雀』の著者が御油の林五郎太夫とわかった。彼は三河国の社寺を巡礼して、その有難さに感銘を受け三河以外の見聞も加えて一冊の本にまとめ刊行した。解題の中で国文学者の久曽神昇氏は「三河全体を扱った地誌としては最も古く、かつ唯一の刊本」として、その価値を高く評価されている。

御油の林家については、拙著『尾張 名古屋の武芸帳』で次のように触れた。

○柳生連也は寛永二年、主君の二代藩主光友と同じ年に名古屋で生まれた。父は尾張柳生初代の兵庫助利厳、母は側室の珠（石田三成の家臣島左近の娘）で、幼時を東海道御油宿の名主林家に送った。林家は連也の姉辰が再婚した先で、旅籠問屋を営む郷士だった。

しかし林家当主の通称が五郎太夫であることや、のちに花翁と号したこと、『三河雀』を著したことも知らなかった。それにしても六尺五寸余といえば、凡そ二メートルの巨漢である。こんな男が柳生新陰流の達人では堪ったものではない。尾張柳生の名人と称された柳生連也は、この義兄のもとで一〇歳までを過ごしたのである。

熱田の蓬莱伝説が楊貴妃伝説とつながり、次第に広まるなか、江戸時代には熱田を蓬莱島に見立て、北に位置する名古屋城を「蓬左城」と呼ぶほどに、伝説は一般化した。名古屋城の百科事典である『金城温故録（きんじょうおんころく）』には「熱田を蓬莱島と云う、其の左腋（ひだりわき）を以て名づける」とあり、名古屋城下町の地理書『金鱗九十九之塵（こんりんつくものちり）』は「蓬左城は、城が熱田蓬莱島の左に有る故、斯の号あり」と解説する。地図で確認すると、名古屋城は熱田宮（蓬莱島）の真北七キロに位置する。

熱田神宮は南が正面だから、正対すれば蓬莱山の左は西方になる。実際、「蓬左とは蓬莱宮の西」と記す辞書もあるが（「国語大辞典」）、多くは「蓬左は、蓬莱宮の北」と記し、名古屋城との位置関係に合わせている。なかには「北」を「周辺の意味」と説く辞書もある。正しくは「西から見て、蓬左は蓬莱宮の北」だろう。その場合の西は一般に「京都」だろうが、語源的には「中国」とした方が筋が通る。『史記』がいう「（中国の）東の海に蓬莱山」があり、その左の「蓬左」は北になる。

「蓬左城」に近い徳川園（二代尾張藩主光友の別邸跡）には有名な「蓬左文庫」があり、これまでに何度もお世話になっている。また蓬莱宮（熱田神宮）の南にある二軒の「蓬莱軒」は、前を通るたびに「ひつまぶし」の匂いを嗅がせていただいている。

では、蓬莱や楊貴妃伝説が、なぜ愛知県の熱田や熱田宮に生まれたのであろうか。

二　アユチの海

いまの県名「愛知」は、古代尾張の八つの郡の一つ、「愛知郡」に由来する。「愛知」と表記される以前は、阿由知、吾湯市、年魚市と書いて「あゆち」と読ませたが、和銅六年（七一三）の法令「郡・里の名は好字（よきじ）・嘉名（よきな）二字で表わせ」に従い、「愛知」に統一された。「愛」「知」とも確かに「よき字」である。天平（七二九〜四九）以後の正倉院文書では「愛智」が用いられ、『延喜式』や『和名抄』もこれに倣（なら）ったが、やがて「愛知」と「愛智」は混用されて江戸期にいたる。いま「愛知」を「あいち」と読むのは、本来の「あゆち」の読みが訛（なま）ったものである。

古代郡名の「あゆち」は、熱田の南方に広がる入江「アユチ潟」に由来する。『万葉集』に次の歌が詠まれ、平安時代以降は歌枕（うたまくら）化する。

※歌枕は古歌に詠まれる名所。

○桜田へ　鶴（たづ）鳴き渡る　年魚市潟（アユチガタ）　潮干（しおひ）にけらし
　鶴鳴き渡る　（巻三・二七一　高市黒人）

○年魚市潟　潮干にけらし　知多の浦に　朝漕（こ）ぐ船

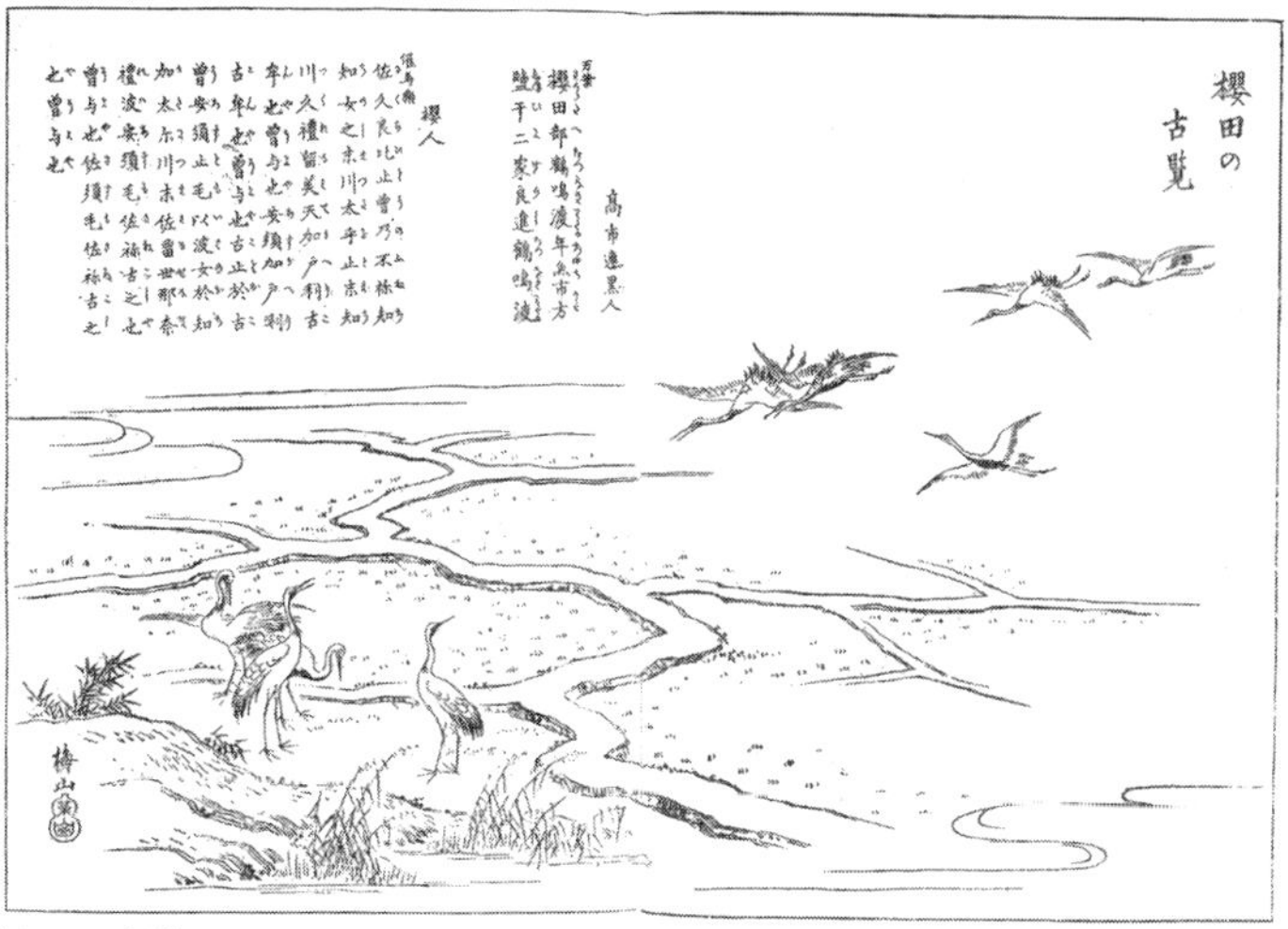

桜田の古覧（『尾張名所図会』）

も　沖に寄る見ゆ　（巻七・一一六三　作者不詳）

このアユチを、蓬莱・楊貴妃伝説と結びつけたのは、民俗学者の柳田国男（一八七五〜一九六二）である。氏の晩年の代表作『海上の道』に、次の一文が載る。

○尾張のアユチガタ、後には郡となりまた県の名にもなったが、古くは年魚市とも字には書いて、越中と同じにアユと発音していた。場所は熱田の神宮の東に続く平沙の地であった。ちょうど伊勢の海の湾口をほぼまともに向いて……爰に蓬莱の仙郷を夢想し、徐福・楊貴妃を招き迎えようとした程度に大洋との交通の考えられやすい土地であった……時あって遠い常世国を偲ばしめるような、珍らかなる寄物を吹き寄せて、土地の人の心を豊かにした故に、こういう潟の名を世に残したのではないか。アユチのチは東風をコチというチも同じに、やはりめでたき物をもたらす風を、もとはここでもアユチと謂っていたのではないかと思う。

めでたき物を吹き寄せる「風」が、越中ではアユの風なのだという。大伴家持が越中国司として赴任していたときの歌二百首以上が、『万葉集』に収められており、そのうちの二首に、アユの風が歌われている。

○東風（越の俗語）　いたく吹くらし　奈呉の海人の釣する　小舟漕ぎ隠る　（巻一七・四〇一七）

※東風がひどく吹くらしい。奈呉の入江で釣りする海人の小舟が波を避けて、風の来ない方へ漕いでいくのが見える。

○英遠の浦に寄する白波　いや増しに　立ち重き寄せ来　東風いたみかも　（巻一八・四〇九三）

※英遠の浦に打ち寄せる白波は、いよいよ重ねて寄せてくる。東風が激しいからだろうか。

東風と書いてアユと読ませるのは、たまたま越中の地の「海岸へ向けて吹く風」が東風だからに過ぎない。熱田のアユの風は、おそらく南西風であろう。「海岸に向かってまともに吹いてくる風、すなわち数々の渡海の船を安らかに港入りさせ、またはくさぐさの珍らかなる物を、渚に向かって

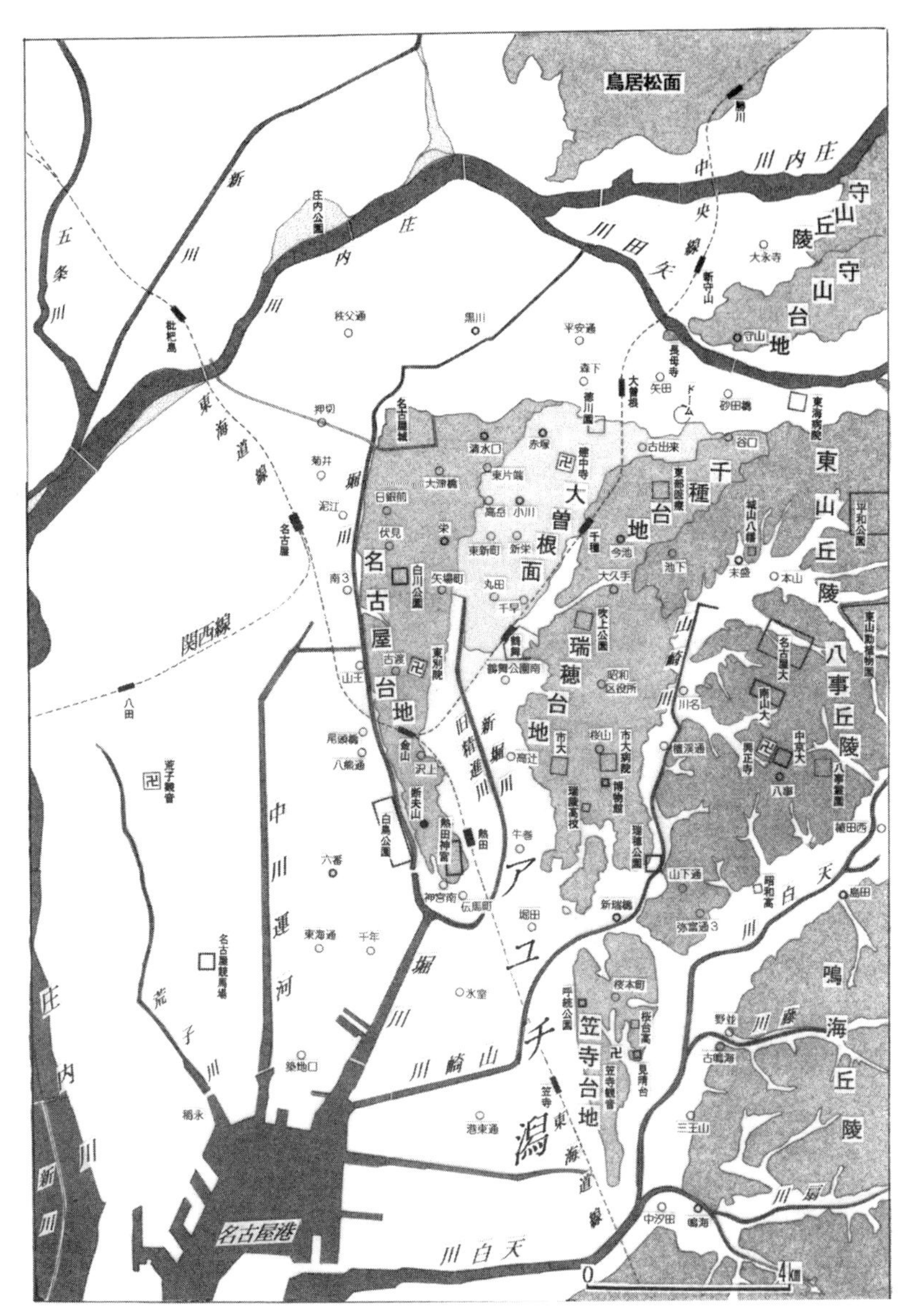

熱田の南に広がる「アユチ潟」

吹き寄せる風」である。

柳田はこの話につづけて、大学二年生の休みに三河の伊良湖崎に一か月余り過ごし、ヤシの実が岸辺に流れ着くのを三度も見たことを自らの「アユの風」体験談として綴っている。のちに東京に帰って島崎藤村に話し、やがて「椰子の実」の歌が生まれた。

アユの風が伊勢湾内最奥のアユチ潟に吹き寄せ、ときに珍らかなものが流れ着く。

弥生時代のはじまりの紀元前三世紀頃、斉の方士徐福に率いられ、山東の琅邪の地より出港した何十艘もの船団の一部が、伊勢湾内へ流れ着いた。『史記』に則して語るなら、こうした記事から生まれた伝説が、時を超えて、伊勢湾の最奥部に鎮座する「熱田宮」に結びついたことになる。

三　熱田社のはじまり

明治元年（一八六八）、熱田社は伊勢神宮に次ぐ地位にあるとして神宮号が下され、熱田神宮となった。ではそもそもの「熱田社」のはじまりは何か。そのルーツを伝える物語が『釈日本紀』に載る。
※『釈日本紀』（『日本書紀』の注釈書、卜部兼方著、鎌倉後期の成立）が引く話で、『尾張国風土記』の逸文とされる。
○ヤマトタケルが東征の帰りに、尾張連の遠祖ミヤズヒメと結婚しその家に泊まっていた。夜に厠に行き、腰の剣を傍らの桑の木に掛けたまま忘れ、寝所へ戻った。気が付いて取りに戻ると、剣が神々しい光を放ち取ることができなかったので、ミヤズヒメに「この剣は神の気がある、大事に祀り私の形見としなさい」と仰せられた。それで社を建て、郷名の熱田を宮の名とした。
似た話を伝える地元の『熱田太神宮縁起』では、「尾張氏の祖のタケイナダネが、ヤマトタケルを出身地の愛智郡氷上邑(ひかみむら)に招き、妹のミヤズヒメ（没後氷上姉子(ひかみあねこ)として祀られる）に見合わし、ヤマトタケルの妻となった」とする。東征前に夫婦となった点、タケイナダネがミヤズヒメの兄であること、二人の出身地が氷上であることなど、先の逸文と異なる。東征の帰りにタケルは再び氷上を訪れ、クサナギ剣をミヤズヒメに預ける話は同じだが、そのあと、さらに次の話が加わる。

○タケルとの約束を守って、ミヤズヒメは神剣を守りつづけたが、年老いてきたので親しい人達と神剣を移し祀る場所を相談し、新たな社地を定めた。そこには一株の楓樹(かえで)があり、自然に炎を上げ水田の中に倒れた。炎は消えず水が熱くなったので「熱田の社」と名付けた。

熱田の起源説話だが、「ミヤズヒメが神剣を祀るため、尾張氏の旧里(ふるさと)氷上邑から熱田へ移った」としている。氷上はアユチ潟の北の熱田社とは逆に、南の知多丘陵北縁に位置し、そこに氷上姉子社が鎮座する。祭神とされるミヤズヒメは、その名から「宮主(みやず)」と考えられ、もともと尾張氏の祖神を祀る女性神官であった。『熱田太神宮縁起』はミヤズヒメと氷上姉子は同じとし、「年老いて熱田へ移り住む」話を創出した。歴史としては「尾張氏勢力の中心が、氷上からアユチ対岸の熱田台地へ移ったこと」を示唆している。その場合、直接に移ったと見るか、アユチ潟周縁の古墳分布が示すように、勢力の拠点を笠寺・瑞穂台地へ

ヤマトタケルから宝剣を授かる（『尾張名所図会』）

と移し、最後に熱田に至ったのか、意見がわかれるところである。

氷上姉子社近くには四世紀末の「兜山古墳」（円墳・径四五メートル）があり、一方熱田社の北東五〇〇メートルには尾張最大の前方後円墳「断夫山古墳」（前方後円墳・全長一五〇メートル）と、その南に白鳥古墳（前方後円墳・全長七〇メートル）がある。ともに六世紀代の築造で、古墳の祭祀と神社祭祀とのかかわりは必ずしも明らかでないが、断夫山古墳の被葬者に六世紀初めの尾張連草香をあてる説があり、のちに熱田社の祭主を代々尾張氏一族が務めたことを併せ考えると、「六世紀初頭」という年代が、熱田社の草創に深く関わるのかも知れない。

尾張氏の研究で知られる新井喜久夫氏（南山大学名誉教授）もまた、「熱田社が六世紀頃より現在地に存在した」とされ、さらに熱田社に祖神をまつる尾張氏は、アユチの海と密接な関係にあり、一族の系譜の中に「大海姫」の名があることや、『熱田宮縁起』に「海部はこれ尾張氏の別姓なり」とあることを指摘されている。こうしたことを踏まえ、氏は「古代豪族の尾張氏像」を、次のように描かれている（市史より要約）。

○かつて大和葛城の出身とされていた「尾張氏」は、実際は尾張南部の漁業と海上交通を支配する地方豪族であり、魚や塩の貢進によってヤマト王権と関わりを持つようになり、五世紀半ばには尾張の国造的存在に成長し、王権のもとで海上輸送にも活躍するようになった。

この仮説を支持する研究者は増えている。アユチ潟周縁の海人族を支配する豪族が、さらに尾張全体へ力を及ぼすためには、

氷上姉子神社本殿

内陸の勢力と提携し「農業経営」へ向かう必要があった。まず名古屋台地に隣接する味美・春日井方面の勢力と結び、さらに丹羽方面へ拡大しながら「治水と開墾」に力をそそいだ。この「小墾あるいは小墾田」経営の歩みから、尾治の地名、あるいは尾張の氏族名が生じたのではないか。国名を記す木簡などの古い表記には治水を連想させる「尾治」が見られ、海人族支配の豪族から国造へと成長する姿を想像させるのである。

古代史の和田萃氏（京都教育大名誉教授）も、尾張の語源を「小規模開墾を意味する小墾」とされ、次のように説かれる。

尾張国の場合、犬山扇状地以南の、自然堤防と後背湿地が複雑に入り組む地帯の開発には、十町程度の小規模な開墾が限度であった。飛鳥「小墾田」の開発条件に類似しており、おそらく同じ地名起源と推定される（『第一七回春日井シンポジウム』）。

四　クサナギ剣の盗難事件

熱田社には有名な「神剣の盗難事件」が語られている。『日本書紀』「天智七年（六六八）是歳条」に、次の記事がある。

○沙門道行、草薙剱を盗みて、新羅に逃げ向く。而して中路に風雨にあいて荒迷いて帰る。

この簡略な記事が、地元の『熱田太神宮縁起』では大幅に増補され、次のような物語になる。

○新羅の沙門道行、この神剱を盗みて本つ国に移らんとし、竊に神の祠に祈み入りて剱を取り袈裟に裹みて伊勢国に逃げ去きしに、一宿の間に神剱袈裟より脱けて本つ社に還り著きたまいき。

道行さらに還り到りて、心をしずめていのりこいて、また袈裟に裹みて摂津の国に逃げ到り、難波の津より纜を解きて国に帰らんとせしに、海中に失度いて更に亦難波の津に漂い著きぬ。乃ち或る人の神言に託けて「吾はこれ熱田の剱神なり。然れども妖しき僧に欺かれ殆に新羅に著く。初め七条の袈裟に裹まれ、脱け出て社に戻る。後に九条の袈裟に裹まれ其れ解け脱け難し」という。時に吏民驚き怪しみ東西に認ぎ求めぬ。道行、心の中に作念らく、もし此の剱を棄て去らば、則ち捉搦之責を免れなんと、乃ち神剱を拋棄たんとすれども剱、身を離れず。道行、術尽き力窮まり、拝手し自首す。遂に斬の刑に当てき。天渟中原瀛真人天皇（天武天皇）の朱鳥元年、丙戌、夏六月己巳の朔にして戊寅、天皇の御病を卜うに、草薙の剱、崇を為すという。即ち有司に勅りたまいて、尾張の国熱田の社に還し置きたまいき。

※『熱田太神宮縁起』は熱田神宮の根本縁起を語るもので、寛平二年の奥書により「寛平縁起」とも呼ばれている。「群書解題」で西田長男は本文を詳しく分析し成立年を鎌倉時代初期としている。

史料末尾の「朱鳥」は天武一五年（天皇即位は天武二年二月）七月の改元号で、西暦六八六年にあたる。ただしこの新元号は数か月で使われなくなり、「私年号」に過ぎないとする説もある。

この年五月に「天皇始メテ體不安」とあり、六月の「天皇ノ病ヲ卜スルニ、草薙剱ニ崇レリ」、七月の「改元シテ朱鳥元年ト云ウ」につながり、急いで熱田社へ草薙剱を返

熱田神宮拝殿

し、病気の平癒を願って瑞祥の「朱鳥」号を採用したが効き目はなく、九月九日に天武天皇は崩御（ほうぎょ）する。

それにしても、クサナギ劔の数奇な運命はどうだろう。ヤマタノオロチの尻尾から取出され、いったん天上世界に捧げられたのち降臨して伊勢神宮に留（とど）まり、ヤマトヒメからヤマトタケルに手渡され、ミヤズヒメの家で神異を見せたのち熱田社に祀られるが、これを僧の道行が奪い、戻されてしばらく宮中にとどまったのち、天皇の病気の原因として熱田社へ戻される。

この展開のなかでやはり不思議なのは、盗難事件である。地元熱田側の史料だけでなく中央編纂の『日本書紀』に唐突に「沙門道行、盗草薙劔、逃向新羅」と出てくる。このあと「惑いて帰る」とあるだけで、道行（どうぎょう）が何者で、なぜ新羅に向かったか、その後神劔がどうなったか、何も書いてない。さらに盗んだ場所もミヤズヒメの話から熱田社と推定しているだけで、ずっと宮中に在ったとする説もあるくらいだ。僧の正体も不明で、新羅へ行こうとしていたから新羅僧と決めつけているが、なぜ新羅僧が劔を狙ったのか理由がわからない。新井氏は「この不自然な話を、事実とみる必要はない」とされ、「天皇の即位儀式」という別な角度から、アプローチを試みられた。

まず神剣について、「英雄（スサノオ）が竜蛇（ヤマタノオロチ）から得た剣を神宝とする」伝承は、ユーラシア大陸に広く分布し、出雲に伝わるオロチ伝承もその一つだという。出雲地方がヤマト王権の支配下に入った六世紀以降、このオロチ伝承が、ヤマト王権の皇位のシンボルである神剣と結びつき、やがて「クサナギの剣」が創出された。これが七世紀後半の天武朝のことで、好んで自らを漢の高祖になぞらえた天武は、漢王朝創設時の伝承「高祖が大蛇を斬ったという斬蛇剣が、帝位のしるしとなる話」に重ね合わせ、クサナギの剣を即位のしるしとして尾張国から貢上させた、というのだ。地方の神社が主神として祀る神剣を、中央政権が強制的に取り上げる行為を糊塗するため、新羅僧による盗難というストーリーが考えられ、時代も前代の天智朝の出来事とされた。自らの即位儀式に用いたのちそのまま朝廷にとどめ置かれた剣だが、やがて天武が病に侵される体となったとき、クサナギの剣の祟りとする指摘もあって、天武一五年に熱田社へ還されることになった。

むろん一つの仮説だが、天智・天武朝のいくつかの事象を、矛盾なく繋いでいるように思われる。

地元熱田社側はこの事件を利用し、朝廷とのつながりを強調した。道行が通ったとされる本宮北門の「清雪門」は、忌むべき門として二度と使用されなかった。いわゆる不開門である。中世には別宮に当たる八剣宮の北東隅へ移され、いまも南新宮社向かいの旧参道沿いにひっそり建っている。門に連なる築地塀は練塀の古式を残し、あちこち苔むした様子は、なかなかの景観である。

また五月四日の夜に行われる酔笑人神事は、祢宜以下の祭員が下﨟二名を半円形に囲み、二人は袖の中に隠した神面を軽くたたきながら「オホ」と三度唱え、そのあと全員が大声で三度わらう。これを末社の影向間社と神楽殿前、八剣宮、清雪門前で繰り返す。オホホ祭りとも言い、クサナギ剣が朝廷から還された喜びをあらわす珍しい祭りである。翌日の神輿渡御神事では、皇城の方角に向いた鎮皇門（西門）の楼上に神輿を舁ぎあげ、その鎮護を祈る。神剣返還へのお礼であろうか。

清雪門については、『鸚鵡籠中記』に次の記事が出てくる。
○鈴木丹後守小頭二百五十石青木孫右衛門、親の日たるによって栄国寺へ詣ず。それより熱田へ行く。八釼宮に

熱田神宮の清雪門

門あり。言い伝えてあかずの門と云う。是を孫右衛門祢宜（ねぎ）を近づけて、此の門を開け入らんと云う。祢宜仰天し、古より言い伝えて開きたるためしなきを、今更かく言うは酔狂か、乱気かと思い漸く（ようや）あしろうて帰す。これより先孫右衛門知行所へ行き、十五日余り津島へ日参りしたると。元来極貧なり。妻は今月産に当る。立ち退けるが、其の儘になりぬ。（元禄四・一〇・一五）

尾張藩士青木某が熱田社の祢宜のところへ行き、「別宮八剣宮（やつるぎのみや）の清雪門を開けよと」談じ込んだから、祢宜は驚いた。何とかあしらってお引き取り願ったが、単なる酔狂ではあるまい。実は熱田を訪れる前に父の菩提寺である橘町の栄国寺に寄り、折から和尚の談義を聞くために集まった群衆をかき分けて高座にのぼり、小僧たちに引きずり降ろされている。そのあと一里ほど歩いて熱田社まで来たらしい。

この男の通称は孫右衛門で、系譜に鈴木丹後守の小頭（こがしら）とある。鈴木丹後守重長（しげなが）は、初代藩主義直公が亡くなったとき殉死した鈴木重之（しげゆき）の子で、このとき二〇〇〇石の老中になっていた。その同心小頭を務め二五〇石を貰っていた中級の藩士である。しかしなぜか「元来極貧」と書かれている。一五日あまり津島に日参したとか、どうも普段から行動がおかしい。立退きの噂もあったが、そのままになったらしい。

この孫右衛門の父親は、かつて間宮大隅守の同心で二五〇石を貰っていたが、妙な経歴が記されている。最初は松平忠輝（家康の六男）に仕えていたが、忠輝が左遷されると水戸家に仕え、次に大久保彦左衛門に仕え、その後私怨から忠長卿（秀忠の三男）の家臣を兄弟で襲って殺し、賞金付きのお尋ね者になり、もはやこれまでというときに忠長が失脚して助かり、そのあと兄弟で尾張へ来て間宮大隅守の同心に抱えられたという。こんな経歴を「家譜」として申告し披露するのはどうかと思うが、どうやらそういう家系らしい。

八剣宮といえば「八剣宮の異事」が思い出される。熱田社にとっては二度目の神剣盗難事件で、『小治田真清水』（『尾張名所図会』附録）が次のように記録している（口語要約）。

○天保十年正月十九日の暁に八剣宮に妖僧狼藉の異事あり、昔の新羅の法師道行の振舞と少しも違ことがない（但しむかしの道行は本社を、今の妖僧は八剣宮を犯した）。道行は神剣を遠くまで運んだが、今の妖僧はわずか一里東に逃げたところで神威に打たれ、翌朝本殿に還ってきた。神殿の鎖は厳重で、宿直の社人も怠りない場所からいかなる方法で盗み出したか、不思議なことである。事がことだけにこの始末は秘密にすべきなのだが、日本書紀の先例もあり、神霊が失われていない証として畧々記しおくものである（或る説に妖僧は念仏者徳住が徒の、有髪の男ともいう）。

天保十年（一八三九）のこの事件を、『小治田真清水』の著者岡田啓は「触れるのも憚られる不敬事」として声を潜めて語るが、奥村得義は『松濤棹筆』でその一部始終を克明に記している（口語要約）。

○「天保十年正月十九日、熱田八剣宮の御正体を箱入りのまま盗出し、翌朝築出町で取戻すこと」盗人は僧で、夜明けに長い箱を翠簾（みどりのすだれ）で巻いて背負い、東へ向かっていたのを朝立ちの客を見送った宿の者が不審に思い誰何すると、枝木で殴りかかってきた。大声を挙げると男は箱を捨て逃げ去った。翌日長さ五尺ばかりの重い箱は、無事八剣社正殿へ帰座し、男は四、五日後に捕まって入牢、寺社奉行が取調べたが、乱心者とのことで後に牢死したという。

※『松濤棹筆』松濤は奥村得義の雅号。『金城温古録』の著者が、安政五年までに見聞した事柄や収集した群書を綴った書。
得義の読みは「かつよし」（名古屋市博）と「のりよし」（小島廣次）を見るが、出典を示している後者を採る。

さらに詳しい経緯を記しているのが『名陽見聞図会』（歌月庵喜笑著）で、天保十年正月十九日条に次のような記事がある（要約）。

○宿直の祢宜が三人いる筈のところ、二人は来ず、残る一人も廻廊に勝手に寝具を敷いて寝ていた。

ご神体は本社の床下八尺ほど掘って唐櫃を置き、さらに白木の箱に入れてあったが、梯子を使って箱ごと持ち出し、御簾に巻いて逃げる途中、神戸町の宿引きに怪しまれ、色々尋ねられたため、箱を降ろし、傷を負わせて逃げだした。ご神体は無事取り戻したが、その後も探索が続けられた。男は挙母（ころも）へ逃げ、餅を盗んだため捕えられたが、懐に岡崎の徳住上人への手紙を持っていたため、放免された。入れ違いに追手が着いたが後の祭り、しかし徳住が手掛かりとなり、「徳住の甥で三河大浜村の銀右衛門の弟周蔵」と判明、実家に立ち返ったところを捕縛された。この

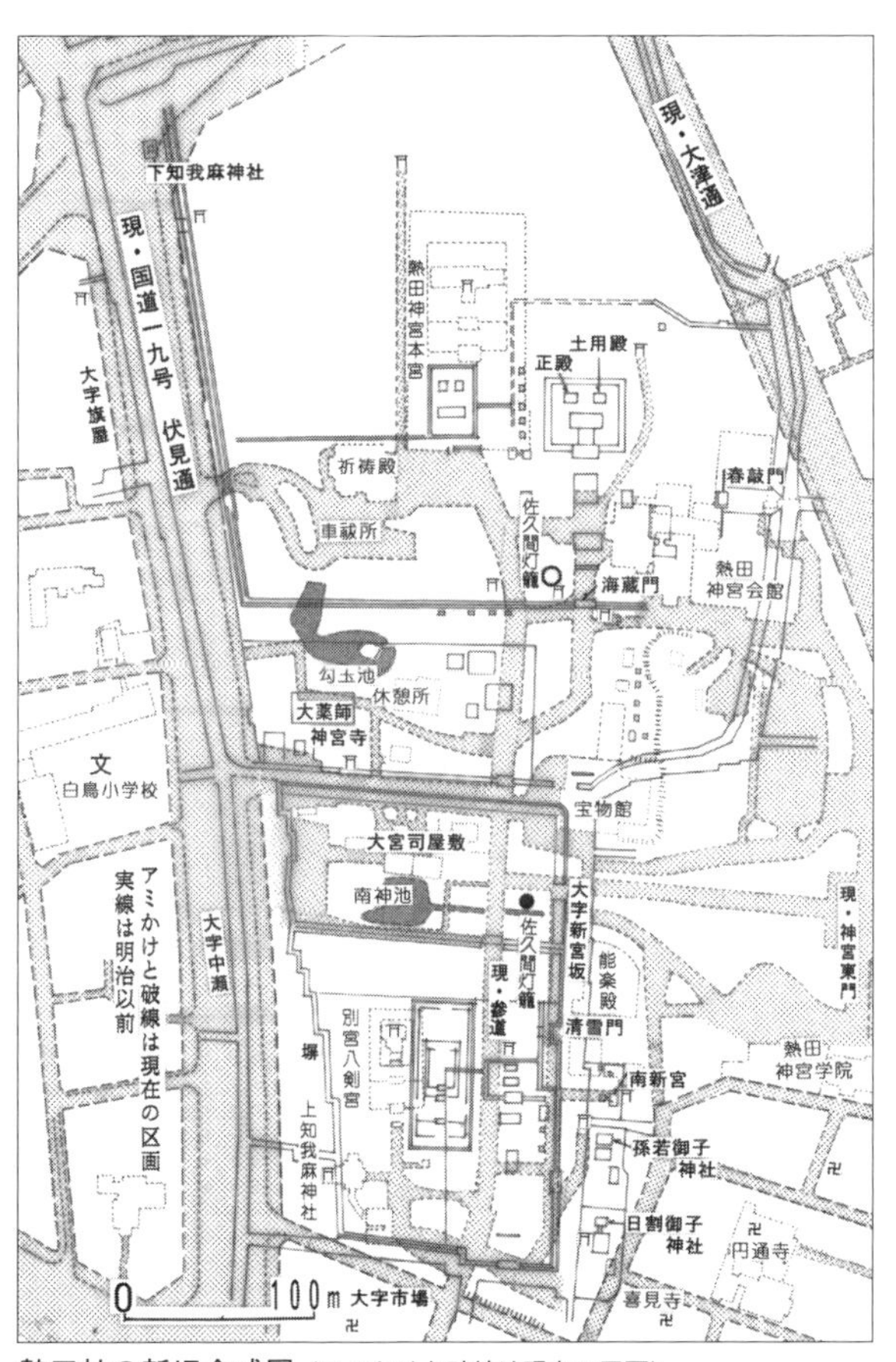

熱田社の新旧合成図（アミかけと破線は現在の区画）

関連の仲間四十余人が、のちに逮捕されたという。

最後の資料で、ご神体の鎮座する場所がわかったが、この秘密の場所をどうして知ったのか、新たな疑問も生じる。

盗難があった八剣宮は、熱田社の別宮（べつぐう）（本社付属の別立の宮）である。「やつるぎのみや」が正しいが、今は「はっけんぐう」とも言う。八剣の「八」は仮字で、本字の「弥（いや）」が約（つづ）まったもの。弥は「多数・豊かな」の意味で、社伝によれば元明天皇和銅元年（七〇八）の勅により神剣がつくられ、勅使が熱田宮を訪れ、別宮を建てさせてこれを納めたという。別宮の建物は本宮よりやや小さいが、同じ形式であり、祭祀も本宮に準じて行う。ここの神官は正・権祢宜ともに大喜（だいき）氏（尾張氏と同祖、もと守部氏）で、いまも瑞穂区に大喜の町名（かつての大喜村、大喜神主の領地説あり）が残る。

八剣宮は延喜式に「愛智郡八劔神社」として記され、熱田社同様「神剣」を祀っていた。江戸末期の事件だけに記録はかなりはっきりしていて、八剣宮を出て東へ一〇町ばかり行った築出町の八丁縄手付近で盗難が発覚している。『名所図会』は熱田社の東一里としているが、それほどの距離はない。築出に一里塚があったための勘違いだろう。名古屋市内に現存するのは、笠寺観音の東にある「笠寺一里塚」で、これは江戸日本橋から数えて八八里目にあたる。次の八九里目の一里塚が、かつて築出町にあった。塚の跡地は熱田橋の西詰、いま神明社の建つ処だという。

築出（つきだし）は伝馬町筋を東進し、精進川に架かる裁断橋を東に渡って鈎型（かぎがた）に曲がったあと、真っ直ぐ延びる東海道の両側をいう（国道一号の名鉄架橋下から東海道線架橋下まで）。かつて波に洗われていた海岸線を、織田信長の命で加藤図書守（ずしょのかみ）が埋め立てた地区である。東海道の両側は「町屋」になっており、鳴海方面に逃げる賊がここで見咎められたのだろう。賊は男の頭を棒で殴り、背負った長い箱を捨てて逃げ去ったが、数日後には捕まっている（『熱田駅・熱田運河・常滑線の今昔』）。

五　貞享三年の熱田社修復

貞享元年（一六八四）、四一歳の芭蕉は門人千里を連れ、はじめての文学行脚に旅立つ（『野ざらし紀行』）。八月中旬に江戸深川の芭蕉庵（江東区常磐町一丁目）を出立して月末に伊勢の外宮に参拝、九月八日故郷の伊賀上野へ帰り、前年亡くなった母の遺髪を拝した。

九月半ば、千里の郷里である葛下郡竹の内（北葛城郡竹内村）を訪れ、当麻寺に詣でたのち、下旬には美濃大垣の谷木因を訪ね、ともに桑名の多度権現に参詣した。ここでの句の応酬は、よく知られている。

《伊勢人の　発句すくわん　落葉川》木因

《宮守よ　わが名を散らせ　木葉川》芭蕉

一一月上旬、桑名から七里の渡しで熱田へ到り、市場町の林桐葉亭に逗留して熱田社へ詣でた。

○社頭大いに破れ築地はたおれて草むらにかくる。かしこに縄をはりて小社の跡をしるし、ここに石をすえて其の神と名のる。よもぎ、しのぶ、心のままに生いたるぞ、中々にめでたきよりも心にとどまりける。　《忍ぶさえ　枯れて餅買う　宿りかな》

芭蕉が熱田社に詣でた貞享元年、境内は荒れ果て築地は崩れ、あたり一面雑草に覆われていた。忍ぶ草さえ枯れ果てたため、社殿のむかしを偲ぶ縁もなく、近くの茶店で餅を買い求めしばし憩い、一句を詠んだのであった。

熱田社側もこうした状況を放置していたわけではない。江戸に拠点を設け、社殿の修築を幕府へ繰り返し陳情していた。その甲斐あってか貞享三年正月には、寺社奉行から熱田大宮司の千秋刑部大輔へ「幕府直営による社殿修復」が伝えられた。当時は仕事が早い。四月に着工し、七月には落成して、遷宮の運びとなった。

翌貞享四年の初冬、四四歳になった芭蕉は二度目の文学行脚、いわゆる『笈の小文』の旅にでる。一〇月に江戸を出立し、鳴海の知足亭に足を止めたあと熱田の桐葉を訪れ、その後三河の伊良湖崎に落魄の杜国を訪ねる。数日後再び鳴海に帰り、熱田との間を行き来するが、その間に修復成って間もない熱田社に詣でた。『笈の小文』に「ふたたび御修復なりし熱田の社へ詣で」と詞書して、

《磨ぎなおす　鏡も清し　雪の花》

の一句を載せている。熱田社がもっとも零落した姿と、造営成って間もない「神鏡も磨ぎ直されたであろう」両方の姿を句に詠み、ともに芭蕉の紀行文に収められた。稀有のことであろう。

朝日文左衛門重章の『鸚鵡籠中記』は元禄四年六月一三日の執筆開始だが、父の重村が書留めた資料などをもとに、あとから貞享元年以降を書き足している。年齢でいうと一一歳から一九歳までの八年間が追加した部分で、全体に簡単な記述となっている。そのなかに熱田宮修復に関する記事が、一か所だけ出てくる。

〇（貞享二年）八月廿一日　熱田御修復見分のため、梶四郎兵衛・星合太郎兵衛八月七日に仰せ付けられ、九月五日に到着。

二人の小普請奉行が、江戸から派遣されたことを記している。梶四郎兵衛は本名を重正といい、寛永一三年（一六三六）に蔵米三〇〇俵を相続、天和二年大番役から小普請奉行に転じ貞享元年に五〇〇俵に加増された。知行取りでいえば、ほぼ五〇〇石にあたる。

もう一人の星合は珍しい姓だが、祖先は伊勢国司北畠家の部将の家柄で、一志郡三雲の星合城を拠点にしていた。雲出川河口の右岸にあり、甚目や小野江に近い。日記に太郎兵衛とあるが、家譜

では七兵衛顕行で、星合家六代目にあたる。やはり蔵米五〇〇俵を相続して貞享元年に大番役から小普請奉行に転じ、翌年八月に梶と共に熱田社造営の命をうけた。日記が記す通り、九月に熱田の検分を行っている。熱田社の修復を無事終えたのち、梶は常陸国で一〇〇〇石の采地を得て御先手鉄砲頭に任じられ、星合もまた武蔵国で八〇〇石の知行を与えられている。

熱田社の陳情は、寛永一五年（一六三八）から毎年行われていた。慶長五年（一六〇〇）の家康による社殿再建から四〇年近く経っており、熱田社大宮司千秋季好、権宮司馬場左京、宮大工岡部又右衛門は揃って陳情に出かけた。それから毎年陳情が続いたが、半世紀近く経ってようやく聞き届けられた。時の将軍は綱吉だが、生母桂昌院の力が大きかったという。その経緯を『新修名古屋市史』は次のように語る。

○貞享元年に護国寺の僧侶（亮賢僧正か）が諸国を巡回の途中、熱田社を参詣した。そのおり社人長岡為麿が僧を懇ろに案内して社殿の零落を訴え、修復の願いが受理されるよう依頼した。その功があったのか、護国寺とつながりの深い桂昌院を通じ綱吉に請願が届いた。

長岡為麿については旧版『名古屋市史』社寺編も、その業を次のように称えている。

○熱田新宮坂町の人なり、初め権之進と称す。少にして学を好み京都に遊び、吉川惟足に従いて学ぶ。学成り家に帰りひろくその業を授く。門人頗る多し。長岡氏、歴世熱田神職たり。権之進また其の職を襲ぐ。当時熱田神宮久しく修理を欠き、宮殿荒廃す。寛永中大宮司以下神官および神職ら交々東都にいたり、修理を幕府に請う。貞享三年はじめてその請いを許す。権之進与りて力ありと云う。

※吉川惟足　近世初期に吉田神道の奥義を学び、その道統の後継者になった。

ところが、朝日重村・重章父子が綴った『塵点録』（古書を筆写集録・抜粋が中心）では、長岡という人物を真っ向から否定する。
○長岡為麿はもと熱田の祠官家で惟足の門人になり付会妖異のことを言っては愚俗を欺き、自ら隠者と号して奉祀を捨て、一個の門を立て、人の崇敬ばかりを期待している。その弟子たちには神系図を与え、児屋命（中臣氏の祖神）より惟足・為丸と系図中に名を連ねている。仏教でいう師弟血脈の図であり、密教僧侶の伝える秘伝を真似たもので、彼は異端盗食の遊人に過ぎない。

一口で言えば名誉欲の強い俗物という評だが、褒める側と貶す側の評から、ある人物像が見えてくる。頭が切れ、世渡りや人に取入ることが上手で、純粋な宗教家としてはいささか問題があるが、しかしそうした俗物的性格が政治力を発揮し、ときに大きな仕事に与ることがある。朝日家は吉見幸和の門に学んでおり、吉見は、従来の吉田（吉川）、伊勢、垂加神道を批判する考証主義の立場を採っていた。吉川神道は密教に似て秘伝を重んじ、門人をランクづけしたうえ秘伝を与えたという。ソリが合わなかったのも当然だろう。

六　熱田社の職制

熱田社修復の実現は、むろん長岡氏だけの手柄ではない。背景には、大宮司たち幹部の五〇年におよぶ粘り強い運動があった。神職の長を一般に「宮司」と呼ぶが、近世以前は伊勢、熱田、宇佐、宗像、香椎など九社には「大宮司」が置かれていた（戦後はすべて宮司とされる）。

当時の熱田社神職は、大宮司を筆頭に権宮司、神官、大内人までの神官と、以下中臈祢宜（所司・

内人）、祝部、神子坐がつづく。大宮司はもともと尾張大宮司家が務め、のち藤原南家を迎えて藤原大宮司家が成立、やがて藤原諸流のうち野田家がそして千秋家が大宮司となり、現在に至っている。

【熱田社神官の系譜】 尾張氏の祖神天火明以下一〇世までは省略し、尾張国造の祖乎止与以降主要な人物のみを記載

乎止与（尾張氏の祖）―建稲種―（十四代略）―稲置見―（十九代略）―員信―┬員頼（田島家の祖）
├信員（馬場家の祖）
└員職（大宮司家）―娘
‖―藤原季範※
藤原武智麻呂（南家）―（八代略）―実範―季兼

※藤原季範―┬範忠―清季……（野田大宮司家）
├範信―信綱―（七代略）―持季（千秋大宮司家）―季通―（五代略）―季好―季明―季寿
│（千秋家の祖）　（刑部大輔）（治部大輔）
└女子まつ（源義朝妻）―頼朝

員信の長男員頼は田島家の祖、二男信員は馬場家の祖となり、三男員職は大宮司職を継いで、娘の「まつ」が尾張目代（国司の私的な代官）藤原季兼に嫁ぎ季範を生んだ。祖父の員職は孫の季範に大宮司職を譲ったため、大宮司家の姓は、尾張から藤原に変わった。この季範の娘が源義朝に嫁ぎ、頼朝を生んだ話はよく知られている（熱田神宮西の誓願寺入口に、頼朝生誕地の伝承碑あり）。つまり熱田大宮司家は、将軍頼朝の外祖父でもあった。

季範の跡は長男範忠が継ぎ、三河新城の野田城に拠ったので野田大宮司と称された。弟範信の家

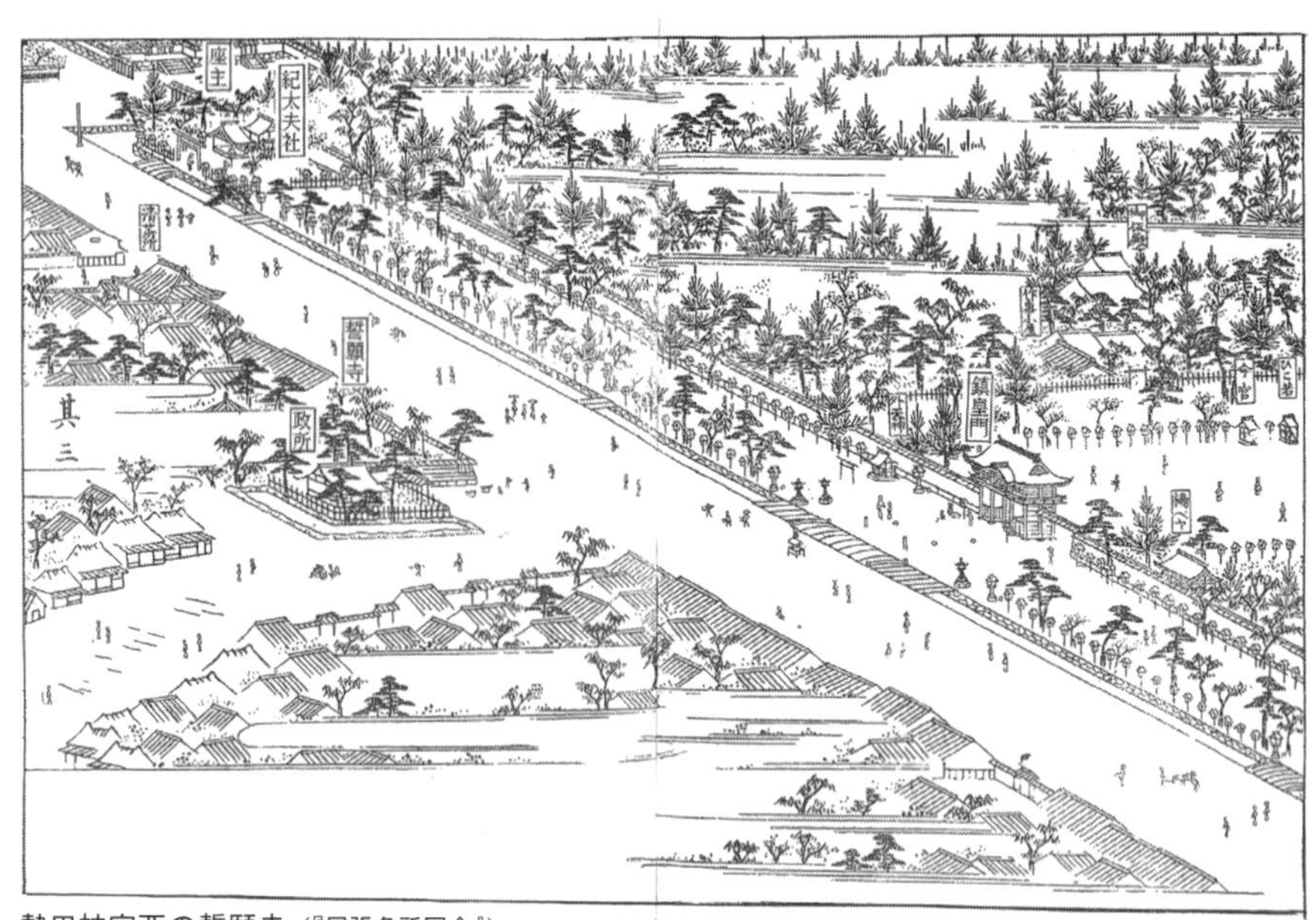

熱田神宮西の誓願寺（『尾張名所図会』）

系は信綱が千秋（せんしゅう）を号し、大宮司を出すことはなかったが、四代を経て登場した範世（のりよ）が千秋姓のまま野田家に婿入りしたため、孫の持季（もちすえ）が千秋姓を名乗って大宮司職を継ぎ、以後これが定着して現在に至っている。

大宮司家というと、いつも神官の装束に身を固め、畏（かしこ）まって祭事に精進する姿を連想しがちだが、家譜の注書きをみる限りとてもそんなものではない。熱田社という大きな組織体のリーダーであり、大勢の神人（じにん）らを抱え、広い領地も所有する。自衛や経営のために権力と結び、ときに武装化の必要さえあった。在庁官人の藤原氏や源氏の棟梁と姻戚関係を結んだのもそのためで、たとえば季範の子範忠は、義朝に加勢し配流されているし、戦国時代の大宮司は信長・家康軍の先鋒として戦っている。信長が桶狭間へ出陣の途中熱田社に参拝したのは、単なる神頼みではなかったはずだ。大宮司は守護職なみに在京することが多く、そのため地元に在って神事をつかさどり、神社を経営する補佐役が欠かせなかった。それが権宮司であり、大宮司家と先祖を同じくする（尾張氏）田島家であり馬場家であった。

【権宮司家の系譜】

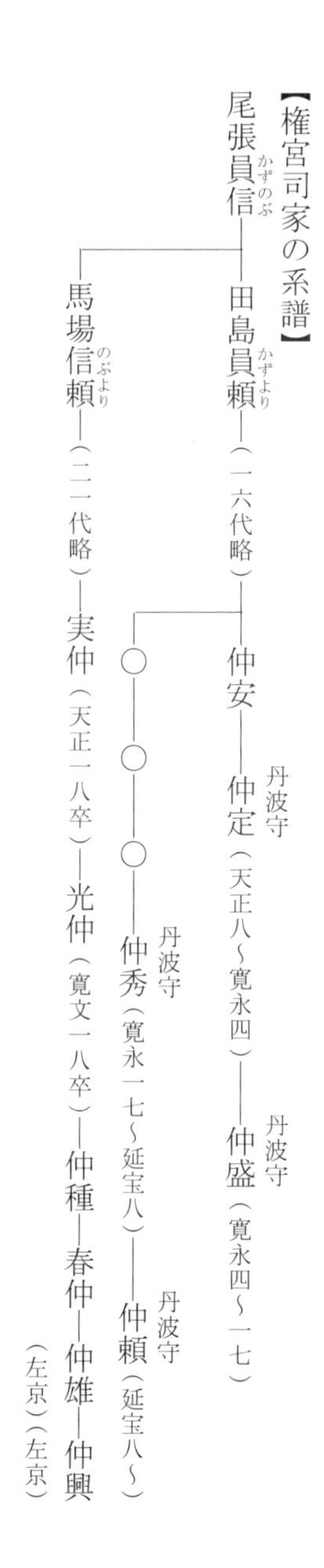

寛永一五年、幕府へ初めて請願に出かけたのは、大宮司の千秋季好（すえよし）、権宮司家の馬場左京亮（さきょうのすけ）仲種、そして宮大工の岡部又右衛門である。宮大工といっても、岡部家は並みの宮大工ではない。先祖は安土の築城を手掛け、信長から「日本総天守棟梁」の印可を与えられた名工で、もともと足利将軍家の御用を務め、御所や寺院、さらに京都方広寺大仏殿や名古屋城築城の大工頭も務めている。

貞享三年の熱田社大修理では、幕府方から日光東照宮造営以来の大棟梁、甲良（こうら）家三代目の宗賀が三八〇人の大工を引き連れて参加した。名古屋側も大工頭岡部又右衛門吉和が一九〇人を連れて参加、本宮正殿と土用殿、別宮・摂社の本殿はすべて岡部が担当した。

貞享の大修理を終えてまもなく元号は元禄に変わり、先の修復から外された「神宮寺」の再建が新たな課題となった。熱田の「神宮寺」とは聞きなれない名前だが、明治の神仏分離令以前は、多くの神社に神宮寺（別当寺）が建てられていたのである。古くは気比（けひ）神宮寺、鹿島（かしま）神宮寺があり、伊勢神宮も、一時期「逢鹿瀬寺」が大神宮寺に定められ、内宮の西一五キロの大台町、度会町、多気町が交わる辺りの多気町相鹿瀬に、いまも寺跡を示す石柱が立つ。

熱田社の神宮寺は「嵯峨天皇の勅により、空海が熱田社に一千日参籠して、社の北に一宇を建て、自ら彫った愛染明王像を安置して本地仏とした」という伝承があり、つづいて承和一四年（八四七）の太政官符に「正八位御船宿祢木津山を神宮寺別当に任ずる」とある。神宮寺、如法院、三別院造営のことも記されていて、九世紀の前半には熱田神宮寺が成立していたらしい。その長官を別当と称したが、やがて平安後期には中央の大寺と同様に「座主」と呼ばれ、大宮司家の一族が任じられた。中世を通じて熱田社如法院の座主のもと、「神宮寺に属する僧侶が、熱田神の前で読経する」という、今では信じがたい光景が見られたのである。

神社の境内や少し離れた場所に神宮寺が造られたのは、「神と仏はもとは同じ」とする「神仏習合」の考えが生まれたからである。「神もまた迷える存在で、仏による救いを求めていた」とされ、平安時代の仏教説話集『三宝絵』には「熱田大神が、山階寺（興福寺）で催される涅槃会に参加するため大和国へ出かけたが、奈良坂で梵天や帝釈天に追い返され、涅槃会終了後に泣いて参加を訴えたので、主催者の寿広和上が憐れんで涅槃会を一日延長し、翌日に法華経百部を読んだ」とある。熱田の神さまも楊貴妃になったり、釈迦入滅の追悼会に参加したりと忙しい。

神と仏が習合した場合、「どちらが根本か（本地か）」という問題がある。平安中期には「仏が根本で、ときに神に姿を変えて人々を救う」と考えられており（本地垂迹説）、熱田神の本地仏は、「薬師如来」とされた。本地仏を「薬師如来」とする考え方は、八世紀末から一一世紀前半にかけ広く流行していた（新修『名古屋市史』二）。

七　元禄の「熱田神宮寺」再建

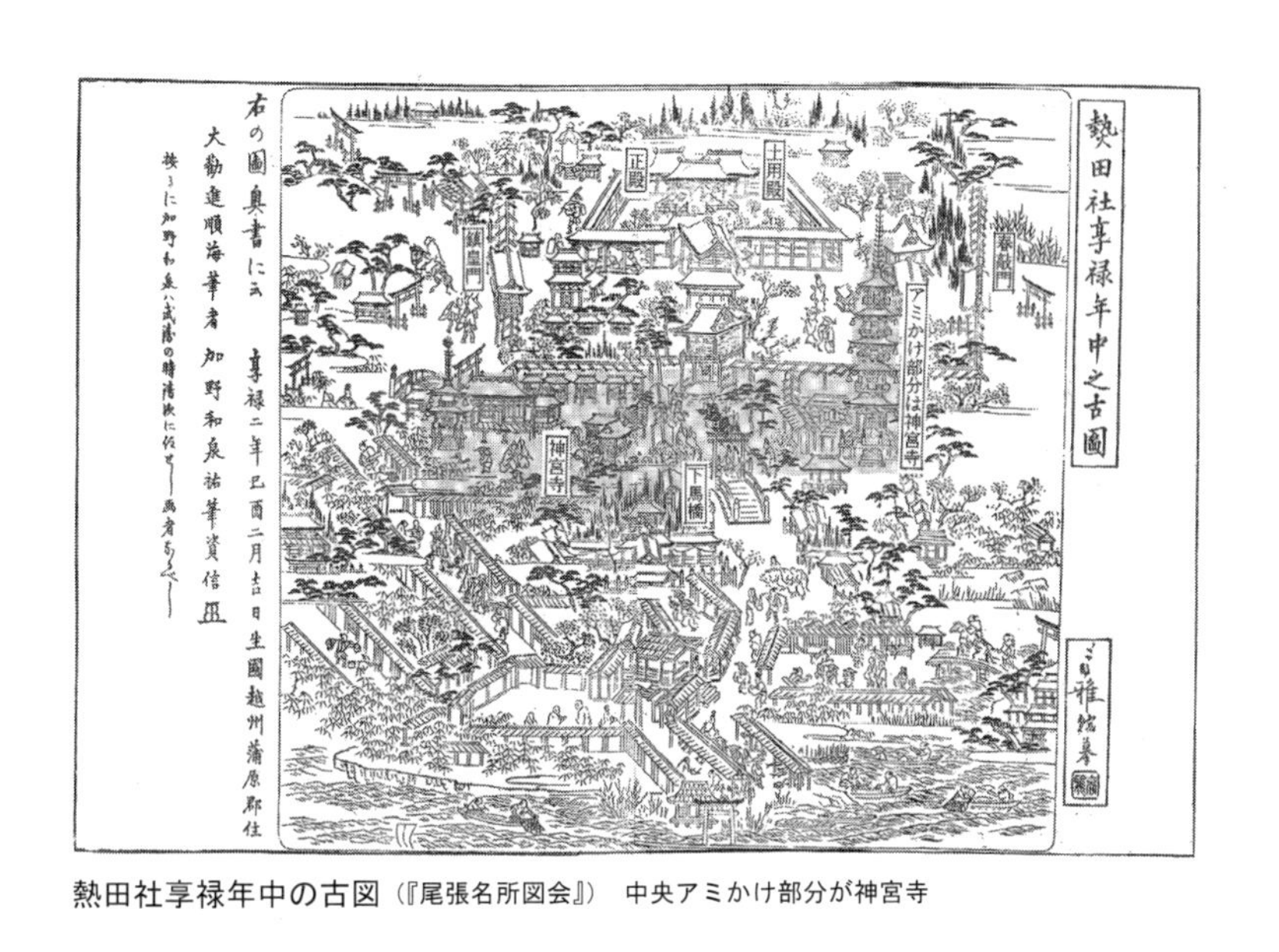

熱田社享禄年中の古図（『尾張名所図会』）　中央アミかけ部分が神宮寺

中世の熱田社・熱田神宮寺を知る資料として、「熱田社参詣曼荼羅図」というタテ・ヨコ一五〇センチ前後の絹本着色絵画がある。熱田社権宮司の田島家が所蔵していたが、安永年に尾張徳川家の手に渡り、いま徳川美術館が所蔵する。広く知られるようになったのは『張州雑志』著者の内藤東甫が模写し、その巻三九に「享禄年中熱田古図」として掲載したためである。のちに森高雅も線描模写し「熱田社享禄年中之古図」として『尾張名所図会』巻三に収録した。ここに引いたのは、名所図会からのもので、原図奥書の年次「享禄二年（一五二九）」により、時代もわかり貴重である。

図の中央に見える下馬橋（太鼓橋）は、いま「きしめん亭」の庭にある「二十五丁橋」で、二五枚の板石で造られている。橋の左手前が八剣社で、橋を渡って神宮寺境内に入ると、左側に多

熱田大宮全図①（『尾張名所図会』）

宝塔と本堂が、右側にはひと際高く五重塔が聳えている。あの熱田神宮に、五重塔があったのである。

直進して海蔵門をくぐり築地塀内側の熱田社本宮に入ると、勅使殿、拝殿、祭文殿がタテに並び、連子窓の回廊に囲まれた内院にいたる。内院の中央には横長の渡殿があり、中に五枚の鏡が並んでいる。これが後方左手の「正殿」に祀る五座の神々の「ご正体」で、芭蕉の「磨ぎなおす鏡」を思い出す。正殿の右が土用殿で、ここにクサナギの剣を祀る。

慶長二年（一五九七）十二月二四日、熱田旗屋町から火災が発生し、この熱田社、熱田神宮寺、町屋が被災した。その程度は明らかでないが、神宮寺はほとんど焼け落ちたらしい。大宮司や座主たちが、当時伏見城にいた家康に再建をお願いしたところ、これまで熱田社の造営にかかわっていない豊臣秀頼に造営の命が下さ

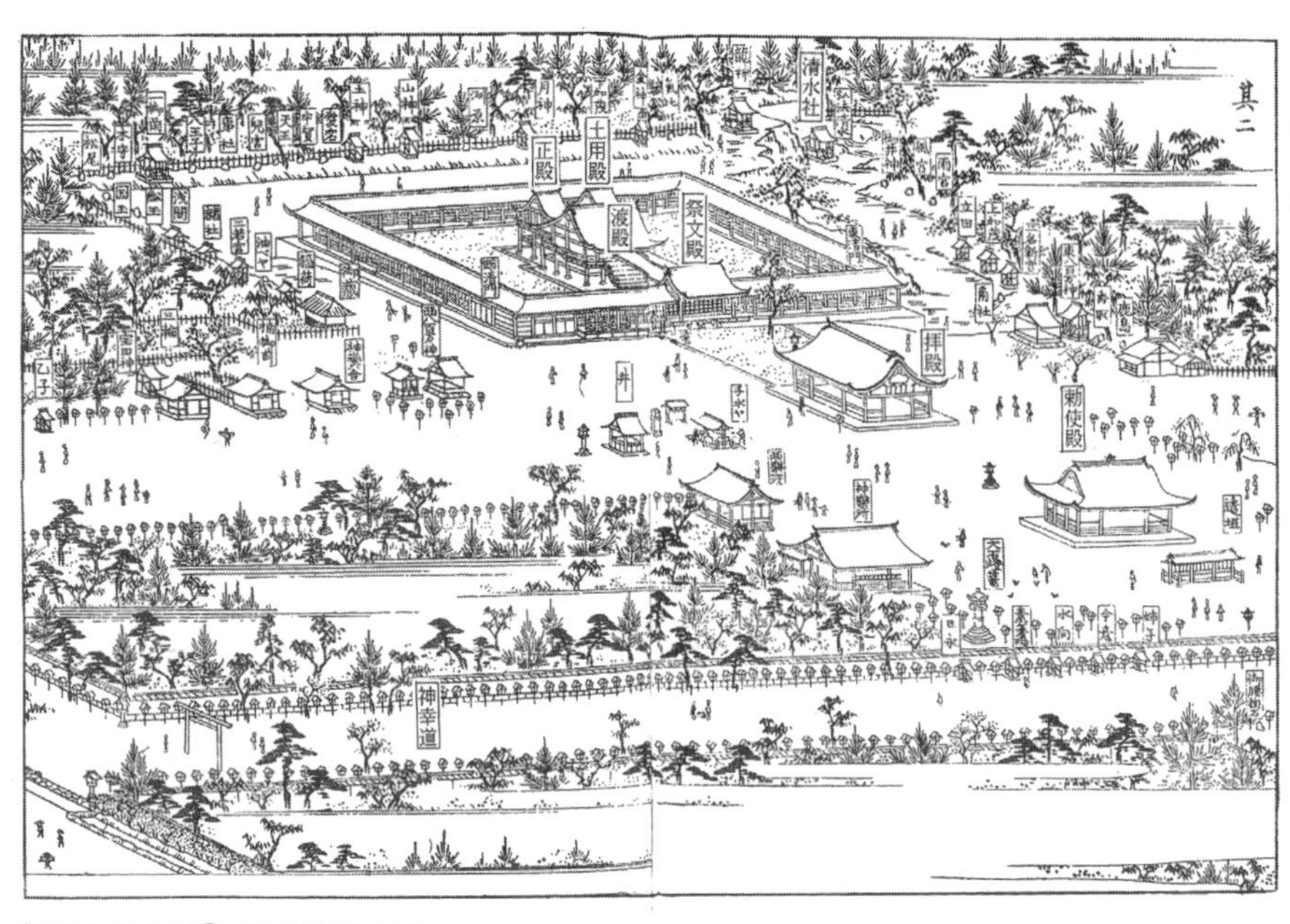

熱田大宮全図②（『尾張名所図会』）

れ、慶長一一年（一六〇六）に片桐且元を奉行として神宮寺、大福田社、塔が再建された。しかしその後神宮寺は衰退の道をたどり、わずかに薬師堂一宇を残すのみとなった。

寛永一五年からはじまった千秋秀明らによる請願も、修復されたのは神社関係のみで、神宮寺は除外された。このため大宮司の請願活動はその後も継続し、一五年後の元禄一四年にいたって漸く実現の運びとなる。以後の経過は、朝日文左衛門の『鸚鵡籠中記』にくわしい。

○去月、大樹の召にて熱田大宮司下る。
　桂昌院様の御願により、熱田仏閣ご建立成される筈なり。（元禄一四・三・一九）

去月、つまり元禄一四年の二月に綱吉に召されて大宮司千秋季通（すえみち）（季明の子）が参府、神宮寺は再建に向け動き出した。奇（く）しくも翌月江戸城で「松の廊下」刃傷事件があり浅野内匠頭が切腹、のちに討入りした大石良雄以下四五人も元禄一六年に切腹するが、その年に神宮寺の再建が成った。つまり元禄の熱田神宮寺再建は、ほぼ赤穂浪士の事件に重なる。

先の神宮大修理は、「護国寺の亮賢から綱吉の生母桂昌院へ」という根回しだったが、同様に、今回の神宮寺は「護持院の大僧正隆光から桂昌院へ」という流れで、仲立ちしたのは名古屋長久寺の隆慶だったという（『新修名古屋市史』）。寺社奉行を通じて行う通常の請願では埒が明かず、いずれも「桂昌院の発願」という形をとっている。

○去る三日、熱田大宮司江戸より帰る。仏閣退転のところ、ご修理ご再興仰せ付けられ、江戸より検分の役人衆来るはずの由、大宮司江戸首尾よく、寺社奉行青山播磨守宅にて、料理など給い候よし。（元禄一四・五・一七）

二月に参府した大宮司が五月三日に帰ってきた。神宮寺の再興が聞き届けられ、まもなく江戸から検分の役人も来る手筈という。今回の大宮司の働きは上首尾だったようで、幕府の寺社奉行青山播磨守から労いの料理を振る舞われたという。青山幸督は摂津国（兵庫）尼崎四八〇〇〇石の藩主で、幕府の奏者番を務めながら元禄一二年から一五年まで寺社奉行を兼務していた。

ところが大宮司の調子のよかったのは此処までで、二年後には一転して蟄居に追い込まれる。

○頃日、熱田大宮司隠居仰せ付けらる。跡目より五人扶持遣わす筈、蟄居。去年江戸へ大宮司下る節、桂昌院様（綱吉ご生母）へ取り入り、神宮寺堂ご造営を勧め奉り、御功徳計るべからずと諂い、而して大宮司家に取り伝えたる御朱印、紛失するあり。これを新たに御朱印給わらんことを、ご内証にて相済ませしを、表向きより申し上げるとて寺社奉行に達せしに、左様なる事は尾州の寺社奉行より我等へ通しある事なりとて撥ねられ、其の上にて尾州の寺社奉行へ達せしに、もはや達しなきことを大いに指しこまれ、隼人正など大いにこれを叱る。彼方此方食い違い迷

惑し、御朱印も成らずして帰り、これら様子悪しきゆえ今度蟄居せしむ。この後行跡悪しとて、
寺社方より見に行くことなどもこれ有り。（元禄一六・五・八）

今回の再興の功労者である大宮司千秋季通が、突如隠居と蟄居を命じられた。隠居後は跡継ぎの季成からわずか五人扶持を分け与えられるだけという。一人扶持は一日五合の三六〇日分で一・八石、五人扶持の九石は、切米二〇俵余の支給とほぼ同じである。

大宮司は一昨年来江戸へ下って将軍の生母桂昌院に取り入り、「熱田神宮寺の造営は計り知れない功徳になります」と諂って寺院再興の実現を進めたのはよいが、滞在中に大宮司家に与えられていた朱印状をどこかへ紛失したらしい。内々で新たな朱印状発行の約束を取付け、その手続きを幕府の寺社奉行に申し出たところ、「それは尾張の寺社奉行より当方へ達すべき話であろう」と撥ねつけられ、慌てて尾張国の寺社奉行に申し出たが、国許に内証で話が進んでいたことを詰られ、ご家老筆頭の成瀬隼人正からも厳しく叱責された。このチグハグな対応はどうにも収拾がつかず、ついに朱印状もそのままになった。この不始末のため蟄居に及んだのである。蟄居は門を閉ざしたうえ、部屋に謹慎することをいう。

子の季成が大宮司職を正式に継ぐのは八年後で、系譜傍注に「正徳元年大宮司に任じ、御朱印賜うべき旨領知す」とある。神宮寺再興の事業は季通の蟄居とは関係なく、元禄一六年の六月に江戸から御作事奉行の片山三七、内藤兵右衛門が来宮して造営に着手した。

今回の造営は、新義真言宗護持院の隆光が斡旋したこともあり、真言の三院「不動院、愛染院、医王院」が新たに建立され、それまで神宮寺の本堂内に置かれていた大福田宮が、社家の支配となり、南新宮社の南へ独立して移された。

大福田というお社が、神宮寺の本堂内に置かれていたのには、次のような理由がある。

その昔、熱田社に将門の乱調伏祈願の勅が下り神輿を星崎に出して祈願したところ、将門誅殺の刻に神輿に血が滲んだ。血に穢れてしまった神輿は熱田社へ還座することができず、神宮寺の堂内に安置して大福田大菩薩と称した。「熱田神宮古絵図」（拡大図・『熱田神宮のご遷宮』平成一九年）を見ると、神宮寺本堂の薬師如来像の左側に大福田宮のあるのが確認できる。

元禄一六年、神宮寺の再建が進んでいくなか、色々の揉め事もあったらしい。

○頃日、熱田仏閣ご造営につきいろいろ揉めこれありと云う。江戸より材木を請け合いて来たり、この方にて求めんとするに、甚だ高値に申すゆえ当惑し、逐電し、請け人捕えらるると云う。大工も二、三百人江戸より来たりしが、材木調わず暇なるゆえ、江戸へ帰る者多しと。そのほかこれを略す。（元禄一六・七・二二）

○この冬、葺師頭藤兵衛、神宮寺堂を八百五十両にて受け合いしに、大分損出来て夫々へ渡し方の諸職人へ金子渡らず、よって迷惑する者多し。九十軒町伝六という者、石垣受取り、こればかり才覚にて三十両得す。古石を用ゆ。藤兵衛追放仰せつけらる。（元禄一六・補遺）

○神宮寺に附す坊主三人に、御宛がい百五十両ずつ、年々神領金のうちより出す。（元禄一六・補遺）

江戸で再建の用材を請負ったあと、現地名古屋の材木が値上がりしたため江戸での請合い額では足りなくなり、逃亡して捕まったという話や、そのトバッチリを受けて江戸から来た大勢の大工が仕事にかかれず、多くが帰って行ったという話。また屋根葺き職人の頭藤兵衛は、当初の請負額ではとても足らず、職人に賃金が渡らなかったため追放処分になった。

そうかと思うと赤塚南の九十軒町の伝六は、使い古しの石材で石垣を間に合わせたため、三〇両も儲けている。最後の「神宮寺に附す坊主三人に御宛がい金」とは、新たに創建された真言宗不動院、愛染院、医王院の院主たちへの手当であろう。これとは別に従来の神宮寺には如法院、円定坊、持福院があり、座主、権座主以下が天台宗に属したため神宮寺が二宗派に分かれ、このあと話が複雑になる。損をする者、得をする者様々だが、とにかく神宮寺の再建は成った。もっとも貧乏籤を引いたのは、散々準備に駆けずり回りいよいよ再建という時に朱印状紛失という失態から、隠居と蟄居を命じられた熱田大宮司の季通であろう。

再建が済んだ元禄一七年、この年の三月一三日元禄を改め宝永元年になった。改元の日の日記に、次の記事が載る。

○氷上姉子神社は熱田の宮の別宮たるゆえ、尾張氏代々禰宜職(ねぎしき)として毎祭り往きて祝詞(のりと)を勤む。近きころ大宮司家ゆえ有りて蟄居す。頃日(けいじつ)氷上の祠官久米伝重訴えて云う。「当社は熱田の本縁にして、久米氏代々神事に供す。然るに近年大宮司、私を以て熱田の祝師(のっと)を遣わし、神事を勤めしむ。尤も古例に違えり」とて重々の非を数えし。仍て有司尾張氏に詰問す。田嶋丹波すなわち古証文を出して云う。「氷上禰宜職は、代々我家つかさどり来たれり。なかんずく尾張守仲奉(なかもと)が譲状(ゆずりじょう)のごとし」と云々（以下譲り状の内容は省略）。……かくのごとくあり。久米氏これを知らず。私に己れ一人して、社事をつかさどらんと欲し、あらぬことを作り出し、訴えける。これも長岡為丸（麿）がそそのかしけるゆえぞと聞こえし。それ尾張氏は、むかし小豊命(おとよのみこと)国造となり給いしより以来、或いは朝家に仕え或いは奉祠して、今は絶す。殊に田嶋氏は大宮の神主、他に異なる家なり。（元禄一七・三・一三／宝永元）

譲り状に出てくる田島仲奉(なかとも)は、初代の員頼(かずより)から数えて一五代目にあたる。

大宮司千秋家を補佐する権宮司は田島・馬場の両家だが、このうち田島家の職務は神前で祭主として祝詞を奏上する「祭主祝詞」、馬場家は庶務取りまとめ役の「惣検校(そうけんぎょう)」である。

訴訟における氷上神社の言い分は「当社の祭りでは本来氷上社祠官の久米氏が祝詞神事を司るべ

きなのに、近年本宮熱田社の大宮司が勝手に祝師田島家を遣わし祝詞神事を行わせている。古来の慣習を破る横法なので正していただきたい」というもの。そこで田島丹波守仲頼（延宝八〜享保二、祝師）が寺社奉行に呼び出され、事情を聞かれた。仲頼は二五年にわたって祝師を務めるベテランで、田島家の保管する古文書にも精通している。六代前の当主だった仲奉の証文を取出し、堂々と奉行に申し開きをした。譲状のあて先は、後継の左京亮範（和仁）つまり仲和で、半ば慣習化した職掌だったが、念のため仲奉は文章に認めておいたのである。

それとは別に八〇年ほど前、田島家から「祝師職の屋敷・惣領の畠、氷上社禰宜職を、惣領家の親から子へ譲る旨」の書状が出され、大宮司はそれを一括承認している。これにより「田島家の祝師職が家職として正式に認められた」（新修『名古屋市史』）わけで、今さら氷上社が訴え出るような話ではない。

文左衛門が言うように、「事情をよく知らない氷上社の祠官が、長岡為麿に入れ知恵された」のかも知れない。やはり背景には、大宮司季通が蟄居させられ神宮の統制に翳りの生じたことが、影響しているようだ。

○頃日、□□宇又は（久々宇又八か）、上屋敷を御作事奉行（小細工河村丹左衛門）より舎塀（遮蔽）などかけたり。これは熱田前大宮司隠居在所にて、甚だ不行跡我儘なるゆえ（京などへも竊行とて）、もてあつかい、ここに移す。親類山澄兵部・間宮造酒・高木志摩・毛利勘解由四人に心を添えるべき由仰せつけらる。今日水道奉行よりこの屋敷を千秋一学へ渡す（前大宮司の事なり）。

（宝永元・六・二九）

冒頭部分がわかりにくいが、前大宮司の蟄居する場所を外部から遮蔽する工事が行われたらしい。彼は蟄居後も密かに京都へ出かけたりしており、大宮司の親類にあたる山澄氏以下四家にしっかり監視するよう仰せがあった。親戚四家の説明は省くが、みな上級藩士の家柄である。
○頃日、熱田不動院と惣社家と公事これあり。祭文殿にて経を読ませじとの事なり。（宝永元・七・五）
○頃日、百二十六人の祢宜一党して、三頭の事（医王・不動・愛染）訴え、御幸路、前のごとく開けたき願い。（宝永元・七・一八）
○頃日、熱田御幸道願い、埒明きそうな沙汰あり。（宝永三・五・二二）

従来の神宮寺（如法院・円定坊・持福院）とは別に、新たに真言の不動院、愛染院、医王院ができたため、社家との間にいろいろ揉めごとが生じ、うまく「神仏習合」とはいかないようだ。祭文殿前での読経を断わられたことへの腹いせなのか、境内で今まで通行できた「御幸道（神幸道）」を寺側が占有道路として通行禁止にしたらしく、社家が開放を求めている。これらも大宮司の蟄居が影響しているのだろう。

○熱田天台の社僧、法を改め清僧になる。如法院・地福院・円定坊・宝蔵坊四頭ともに野田密蔵院の末寺となれり。（宝永元・七・一八）

熱田神宮寺の宗派関係は、複雑に推移している。平安時代の創建伝承は空海にかかわり、以来真言宗に属していたが、室町時代には天台宗に変わったようで、「享禄古図」に描かれる常行堂や山王社はその証である。近世のはじめに、同じ天台の野田密蔵院との関係が深まり、末寺となるが、やがて密蔵院から離れ、元禄の頃には熱田大宮司の支配下に置かれていたらしい。そのため元禄の再建も大宮司主導の請願で行われた。その再建が真言宗護持院隆光の力添えで実現したため、神宮寺内に新たに真言の不動・愛染・医王三院が造られ、従来からの諸役もすべて真言僧が執り行うようになった。そこで旧神宮寺側が巻き返しを図り、東照宮別当の恵恩院を介して日光御門主の支配に属するよう懇請した。

その結果、日記が記すように、神宮寺は天台に復し、天台の社僧は日光御門主の支配下で改めて野田密蔵院の末寺となり、社僧は清僧（戒律を守り肉食妻帯などの破戒をしない）に改める旨、通達された。同時に様々な社役も、従来通り天台僧が行うことになったのである。

八　熱田社の「神宝風入」

毎年七月七日は、熱田社本宮と別宮の八剣社で「神宝の風入（かぜいれ）」がある。要するに虫干しである。熱田社の祭典行事を描いた『熱田祭奠（さいてん）行事図会』（蓬左文庫所蔵／模写図幅熱田神宮所蔵）には、七月七日の「大宮神宝風入」と、もう一つ八月下旬に行われる「神宝虫干」が別箇に描かれている。もともとは「風入神事」だけしかなく、拝観は許されずせいぜい社殿の外からのぞく程度だった。しかし希望者が余程多かったのか、江戸後期には勅使殿に幕を張り巡らせて宝物を並べ、あらかじめ願い出た者に拝観を許可する「神宝虫干」の行事が追加されたという（新修『名古屋市史』巻三）。

○（宝永五年）七月七日　晴天、暑さ甚だしく汗流るる如し。……卯過ぎ、源蔵・藤内と熱田へ参詣す（上下を着す）。神主田島丹波仲頼に知る人になる。神垣（みかき）の内に入り廻廊に座し、御饌（みけ）の上ルを見る。五膳前なり。数十人祢宜、或は冠り、或は烏帽子、覆面して御膳を上る。音楽あり。社僧、迦陀（かだ）を読む。丹波守、祝詞・奉幣等あり。御刀・脇差二十一腰御ぬぐい（とぎや両人上下を着す）これ有り。其の内、蜘蛛切丸（吉光と云々、しのぎに金の巴、象嵌に入る八幡太郎の紋なり）・癬丸（あざまる）・熱田国信の三腰、別して御大事と云々。残りは三条宗近・波ノ平・豊後行平・実阿・吉光・国行・正恒（まさつね）等、何も希代の御道具共なり。予、何も手に取りて拝す。幸の又幸なり。御小道具には日本武尊御影かけ物・道風の筆・駒の角・天狗の爪・蛇の鰭・茶入・太政官符（初一通菅相丞の筆）とみのお（鵄尾）の琴、其の外、書本の『日本紀』（巻物）小瀬甫庵慶長十八年七月七日奉納の板行の『信長記』一部ならびに自筆の願書・唐渡りの法華経（金泥にて書）木庵慧鎖（慧明か）筆なり。施主は奉翊致仕朴と云々。帰り、沢にて支度し、午半帰る。（宝永五・七・七）

七月七日の記事であり、「虫干し」ではなく「風入れ」神事である。元禄・宝永頃は拝観が許されなかったはずだが、特別に拝観をしている。それほど文左衛門が大物だったかといえば、そうではない。当代随一の学者として知られる天野源蔵信景がいたからである。日記の書き方では、源蔵と藤入を引き連れているように錯覚するが、文左衛門の方が付いて行ったのである。藤入は鈴木藤

癬丸

蜘蛛斬丸

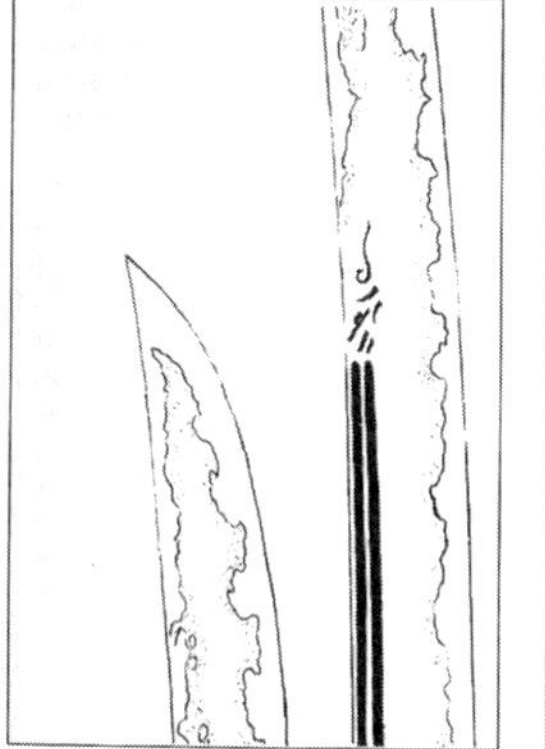

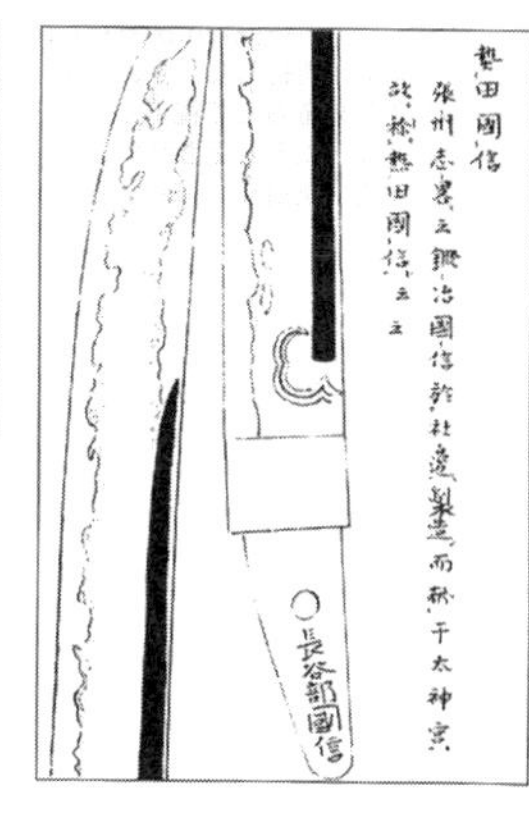

熱田國信

左衛門重恒(しげつね)の致仕（元禄八年）後の雅号で、このときすでに八三歳の長老、義直公に殉死した鈴木重之の弟にあたる人物である。

　朝六時過ぎに出かけた神事拝観で、主催者の田島仲頼に紹介され「知る人」になった。ただし田島は神主ではなく、神官と書くべきだろう。大宮司家に伝わる『雑書并系図』に「熱田に神主と申すことは御座無く候。神官と申し候いて仲間四、五人御座候」とある。田島仲頼は先の訴訟で登場した権宮司家の当主である。

　田島の許可を得て回廊に座り、はじめに数十人の祢宜たちが威儀を正し、神前に御饌(みけ)を供える「供御(くご)の次第」を拝見した。五膳分というのは五柱の神へ供えたということだろう。楽が奏でられ、神宮寺の社僧が伽陀(かだ)（経文の結びに唱える偈）を唱え、田島丹波守が祝詞をあげる。それが終わると内院中央の渡殿(わたりどの)から祭文殿へ神宝が運ばれ、並べられて、祢宜が目録に照らしながら点検を行っていく。

　刀剣類には裃を着た研ぎ師が立ち会い、刀身を改めながら丁寧に拭っていく。あの有名な蜘蛛切(くもきり)丸(まる)や癖丸(あざまる)、熱田国信(あつたくにのぶ)も並ぶ。文左衛門は二度とない機会なので、一つ一つ恭しく手に取り拝見した。蜘蛛切丸は鎌倉時代の山城国粟田口(あわたぐち)派吉光の鍛えた脇差で、信長が奉納した名刀。『尾張名所図会』に「源頼光が吉光の太刀で蜘蛛の妖怪を切った」とある。癖丸は備前の鍛治助平(すけひら)の作で、平家の悪七兵衛景清(かげきよ)の所持していた刀と伝え、のちの所有者がことごとく盲目になったため、最後に丹羽長秀が熱田社へ奉納したという。熱田国信は、南北朝時代の山城国を代表する刀工長谷部国信の作で、彼が熱田社で鍛え、奉納したことから熱田国信という。刃の平(ひら)一面に刃文様が浮かぶ「皆焼刃(ひたつらは)」が特徴である。

　日本武尊像のかけ物とあるのは、実際は聖徳太子像と推定されているもので、室町中期の作で作者は不詳。道風の筆とあるのは、かつて熱田社の東門に掲げられていた小野道風筆と伝える

「春敲門（しゅんこうもん）」の扁額であろうか。門自体は戦災で焼失したが、扁額は守られた。楊貴妃伝説では道士が楊貴妃の魂の在処（ありか）を探し当て、この門を敲（たた）いたという。

「駒の角・天狗の爪・蛇の鰭」と怪しげなものも混じっているが、もうひとつ有名なのが「みのお（鴟尾）の琴」である。『張州府志』に、寛永一三年尾張藩主徳川義直公の寄進したことが記されている。鴟尾とは「鳶（とび）の尾」の意味で、長方形の胴の尾端がトビの尾の形をしていることから名付けられた。

春敲門扁額

日本武尊像

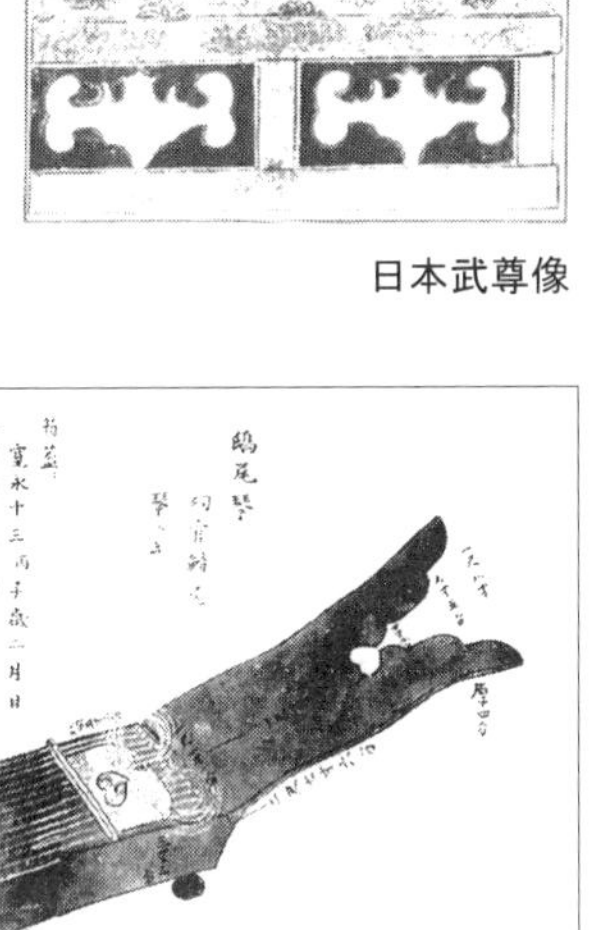
鴟尾の琴

十三弦の琴である（図は『張州雑志』第四一・四二より引用）。

「神宝風入」を拝観してから半年後の宝永六年二月、文左衛門らは再び同じメンバーで熱田を訪れている。

〇十七日　曇り、申過ぎより雨終む、夜降る。辰過ぎ、源蔵・藤内と熱田へ行く。予参詣し、それより築き出し辺を廻り、西山派正覚寺の談林へ寄り住持に知る人になる。寺内本堂の側に霊亀井あり、田島仲頼へ行き、弟（空白）子覚ノ進仲康に知る人になる。ういろう餅給べて夕飯給べ、帰りにうどん・吸物給べ、暮れて帰る。家蔵の古書・証文・系図など甚だ多し。枚挙すべからざるなり。神君の御判、太閤の朱印、信長・信雄の下知状、福島太夫正則直筆の状など、種々数十通これを見る。享禄二年に越州蒲原住紫雲山真光寺大勧進順海が寄進する処なり。狩野和泉描く所なり。（宝永六・二・一七）

まず熱田社にお参りしてから東海道を築出しの方へ歩き、裁断橋を渡る手前の北側に建つ正覚寺へ寄って住職と「知る人」となった。本堂の横にある霊亀の井戸とは、開山の融伝和尚が熱田の神のお告げで此地を掘ったところ、大きな亀の足が出てきたという伝承にもとづくもので、そのまま寺の山号「亀足山」になった。

このあと熱田社東門の外にある権宮司「田島丹波」の家を訪れ、仲頼の跡継ぎの仲康を紹介され、外郎餅をご馳走になった。

「ういろう」は、鎌倉時代に日本に帰化した元人の伝えた薬「透頂香」がルーツとされる。彼の官職名「外郎」がこの薬の別名になり、のちに周防山口で生まれた蒸し菓子（米粉、葛、黒砂糖）の色が薬に似ているところから「外郎餅」と呼ばれたという。それが名古屋に伝わり、白砂糖を使った白外郎や挽茶外郎なども作られるようになった。元禄以降すでに名古屋では高級菓子として、知られていたのだろう。田島家は留守がちの大宮司に代わり、熱田社の実質的責任者であった。そのためたくさんの古文書の類がある。それらをすべて見せてもらった。おそらく天野信景は克明にメモをとり、やがて『塩尻』の記事に生かされたのだろう。

○仲頼の云う、先年卯の年熱田神前へ首白くして粕毛（かすげ）のごとく、羽むねなんどは殊（こと）に白き鳥一羽来たる。いつも常の鳥二羽ずつ来たり餌を食いしが、この鳥と共に三羽来たる。二羽の鳥この白鳥を追い、いやがるていと云々。この年泰心院様ご逝去なり。

○右同年ころにや、大宮東廻廊の内の堅地に蓬多く生ず。社家中、取りて福とし祝う。七、八年先にや、大宮司玄関の前に十一月、五、六寸廻りの筍子一本生ず。福なりとて屋敷のうちの小祠の前へ移し栽ゆ。仲頼じかに見たり。それより三年目に大宮司蟄居。（宝永六・二・一七）

外郎餅を食べ、茶を啜りながら仲頼が語った話なのであろう。身近に起きた事件には前兆らしきものがいくつかある。いつも番（つがい）でやってくる白鳥が、あるとき三羽でやってきた。その年、三代藩主綱誠公が亡くなられた、と。また本殿を囲む廻廊の内側にヨモギが生えた。「蓬萊宮にヨモギとは縁起がいい」と皆が喜んだ。今度は大宮司家の玄関前に筍（たけのこ）が生え、これも福の前兆というので、わざわざ屋敷内の祠の前に植え替えた。それから三年目に大宮司が蟄居を食らった、と。

○俗に二十五丁橋という。はじめは土橋なりしが、寛永のころ宗花（文字不分明）というもの石橋に寄進す。○馬場右京、下戸にて甚だ不法なり。去年石橋の南の町屋の女、窓よりのぞき笑いたるとて理不尽に内に入り、菜包丁にて女の顔を少し切る。ねだられて五両にて扱う。○その前にも沓石（くついし）の辺にて刀をさしたる者とからかい、疵など付け候ゆえ、十両にて扱うなり。○熱田入口東側の餅屋に二両のかけあり。石橋の南のあんもち屋に三両のかけあり。当年は頭人の処、編み笠かぶり微行す。（宝永六・二・一七）

「俗に二十五丁橋」とあるのは、二五枚の石を組んで拵えた名古屋で最古の石橋とされるためで、もとは本宮と神宮寺を囲む御手洗(みたらい)川に架かっていた太鼓橋で、この前で下馬することから下馬橋が正しい呼称らしい。馬場左京の屋敷は、神宮西門の北西部を占め、馬場町の町名もあるくらいだ。当代の左京はかなりの暴れん坊らしく、包丁で女性の顔を傷つけたり、男と喧嘩して傷つけたりし、いずれも金でカタを付けているという。酒が飲めない分よほど甘いものが好きで、餅屋・餡餅屋のツケも相当だという。いずれも、二十五丁橋近くでの噂話である。田島丹波と馬場左京、同じ権宮司だが、評判にはずいぶん差があるようだ。

　江戸当時の地図では熱田社南の八剣宮を南へ出ると市場町、その南端に熱田社摂社の源太夫社があり、そこから直角に東へ折れると伝馬町で、東海道へとつながる。曲がらずにそのまま三町ほど南へ下ると「七里の渡し場」に到る。ここからしばらくは陸ではなく「海の東海道」である。

二十五丁橋（むかしの下馬橋）

第二章　七里の渡しと桑名の歌行燈

一　東海道五十三次の旅

お江戸日本橋から京都三条大橋まで一二六里（約五〇〇キロ）、あいだに五三か所の宿場がある。割算した宿場間の平均九キロは、私が一日に歩ける距離の限界である。

したがって東京から京都まで歩けと言われたら、たとえ生きてたどり着いたとしても五五日かかる。これを江戸時代の旅人たちは一五日間で歩いた。一日平均八里（三二キロ）になるが、当時の成人男性は八里から一〇里歩くのが普通だったらしい。江戸時代人の脚力が羨ましい。

一里を歩くのに一時間かかるとして、一〇里なら一〇時間、ほかに昼飯などを含めて二時間ほどの休憩が必要だろう。つまり日暮れ前に宿に着くためには早朝の旅立ちが必要で、「お江戸日本橋七ツ発ち」も決して大げさではない。立春（二月四日）ころの江戸なら、「明け六ツ」の鐘はいまの午前六時に鳴る。「六ツ」の一ツ前（二時間前）が「七ツ」だから七ツ発ちは午前四時になり、それから十二時間後の午後四時に、江戸から一〇里先の戸塚（とつか）宿で今夜の宿を探すことになる。江戸を発った旅人が最初に泊まるのは、たいがい第五宿目の「戸塚」と決まっていた。

立春の頃と断ったのは、季節によって「明け六ツ」が移動するからだ。夏至（げし）（六月二二日）のころの明け六ツの鐘は、江戸では三時五〇分頃に撞（つ）かれる。七ツの鐘は深夜二時半だ。本当かと思われるだろうが、江戸の不定時法はすべて「日出・日入」時刻が基準で、日の出の三六分前が明け六ツ、ぼんやり影が見える明るさで、奈良平安のむかしなら「彼は誰れ時（かたどき）」と言い、いまは「夜明け」と呼ぶ。逆に日の入の三六分後は「日暮れ」の「誰そ彼時（たそがれどき）」、江戸時代の暮れ六ツに当たり、鐘が六ツ鳴る。「夜明け」「日暮れ」とも理科年表に載る公式の気象用語で、夏至ころの旅人は、七ツ（午前二時半）から歩かされた。

宿場間で距離の長いのは、大磯・小田原間（神奈川県）の四里八町（一六・六キロ）と袋井・見附間（静岡県）の四里七町で、最も短いのが御油・赤坂間（愛知県豊川市）の一六町（一・七キロ）、決して均等割りではない。そんな宿場を結ぶ道のりのなかで唯一歩かなくて済む船旅が、第四一宿目の熱田と四二宿の桑名間「七里の渡し」である。

しかし船が好きな人もいれば、嫌いな人もいる。

三代将軍家光は、生涯に三度上洛した。最初は元和九年（一六二三）で、父秀忠から将軍職を譲られたとき、二度目の寛永三年は二条城に後水尾天皇の行幸を仰いだときで、いずれも七里の渡しを利用している。ただし元和年の帰途は美濃路をとり、船を避けた。往きの船酔いが原因だったらしい。江戸出立も「御不例」により一か月延期しているから、体調も勝れなかったのだろう（『徳川実紀』）。

寛永一一年（一六三四）の三度目の上洛では、往きに名古屋に二泊したのち、やはり船を避け美濃路をとった。熱田から東海道を逸れて名古屋城下に入り、清洲から萩原・墨俣を通って大垣に泊まり、垂井から中山道をとって彦根に到り、膳所から京都の二条城に入っている（七月一一日）。帰りは二条城を出立（八月五日）後、東海道を水口・亀山と経由し、八日に桑名城に泊まった。翌日桑名から川を遡って佐屋へ渡り、整備されたばかりの佐屋街道（佐屋路とも）を通り熱田へ、完成間もない出島の「東浜御殿」で歓待を受け、そこから東海道へ戻った。江戸へ帰ったのが二〇日で（『徳川実紀』）、旅程は一五泊一六日、庶民の旅程とほとんど変わらない。

熱田・桑名間の七里に対して、佐屋・桑名間を「三里の渡し」という。将軍家光が船に弱かったお蔭で佐屋路が開かれ、いわゆる三里の渡しが実現した。海路より川路が、七里より三里が安全なのは言うまでもない。佐屋街道分を含めると二里ほど長くなるが、七里の渡しも干潮時には遥か沖合に出て一〇里近くになる。四時間余りの船旅に不安を感じる人や、トイレの近い人は文句なく佐屋経由を選んだだろう。

『東海道中膝栗毛』で熱田宿の亭主に「明日は七里の渡し、それとも佐屋廻り？」と問われ、弥次さんが「舟はいいが、俺ァどうも舟ではナゼか小便をするが怖くて……」と躊躇する件がある。結局「火吹き竹」に似た竹筒を貰って舟に乗るが、節の部分が閉じているものと勘違いし、舟中に小便が流れて大騒ぎになる。あとで聞けば舟縁から筒先を出して海に落とすのだという。老若男女さまざまな身分の人たちが乗るから、それなりの用意は有ると思うが、或いはこれに似た話が実際にあったかも知れない。

二 「七里の渡し」

熱田宿（宮宿）と桑名宿の間の「七里の渡し」は、今ふうに言えば、「三〇キロを四時間、一二〇〇円で渡る」のが相場だったらしいが、干潮時には沿岸を離れて一〇里ともなり、また風向きによって七、八時間かかることもあった。船賃も江戸後期ほど高くなった（正徳頃四五文、文政頃六八文）。

現代版「七里の旅」はＪＲ熱田駅から名古屋駅までの五キロを東海道本線で一〇分、名古屋駅から桑名駅までの二四キロを関西本線で三〇分、合計「七里」を四〇分で済ます。

かつて国文学者の野田千平氏は、井原西鶴の名所記『一目玉鉾』にある「七里の横渡し、左は大海、右新田鍋田越」（熱田「船番所」）の記事に注目され、西鶴が渡った元禄頃の「鍋田川筋」航路について、「新田開発」に伴う川筋の移動を手がかりに『「七里の渡し」考』をまとめられた。三年をかけた労

七里渡船着（『尾張名所図会』）

作で、要約するとこうだ。

江戸時代の「渡海路絵図」は九枚残る。そのうち最もよく纏まった「（熱田より桑名迄）海上絵図」は、航路近くに新たな新田（弥富市南端の杼場・大宝・四郎兵衛・神戸新田）を付箋で追加している。その開発年と既存の新田一八か所の成立年を調べ、元図作成の年代を元禄一〇年（一六九七）、付箋の下限を宝永四年（一七〇七）と推測した。要するに西暦一七〇〇年前後の海路図であり、奇しくも尾張藩士朝日文左衛門が生きた時代である。彼は御畳奉行として上方出張した帰りに桑名に到り、この「鍋田川筋」について触れている。

〇さて船に乗り、この時西風漸々に強く吹く。塩先悪しく鍋田通りならず、沖の方へ遠く押し廻し漕ぎ行く。揚げ帆三分ばかり、船飛ぶが如く、追い風といえども船動揺し、波或いは少しばかり打ち込む時も有り、未半過ぎ熱田へ着く。廿丁ばかりして潮なく、小船なく、馬・駕

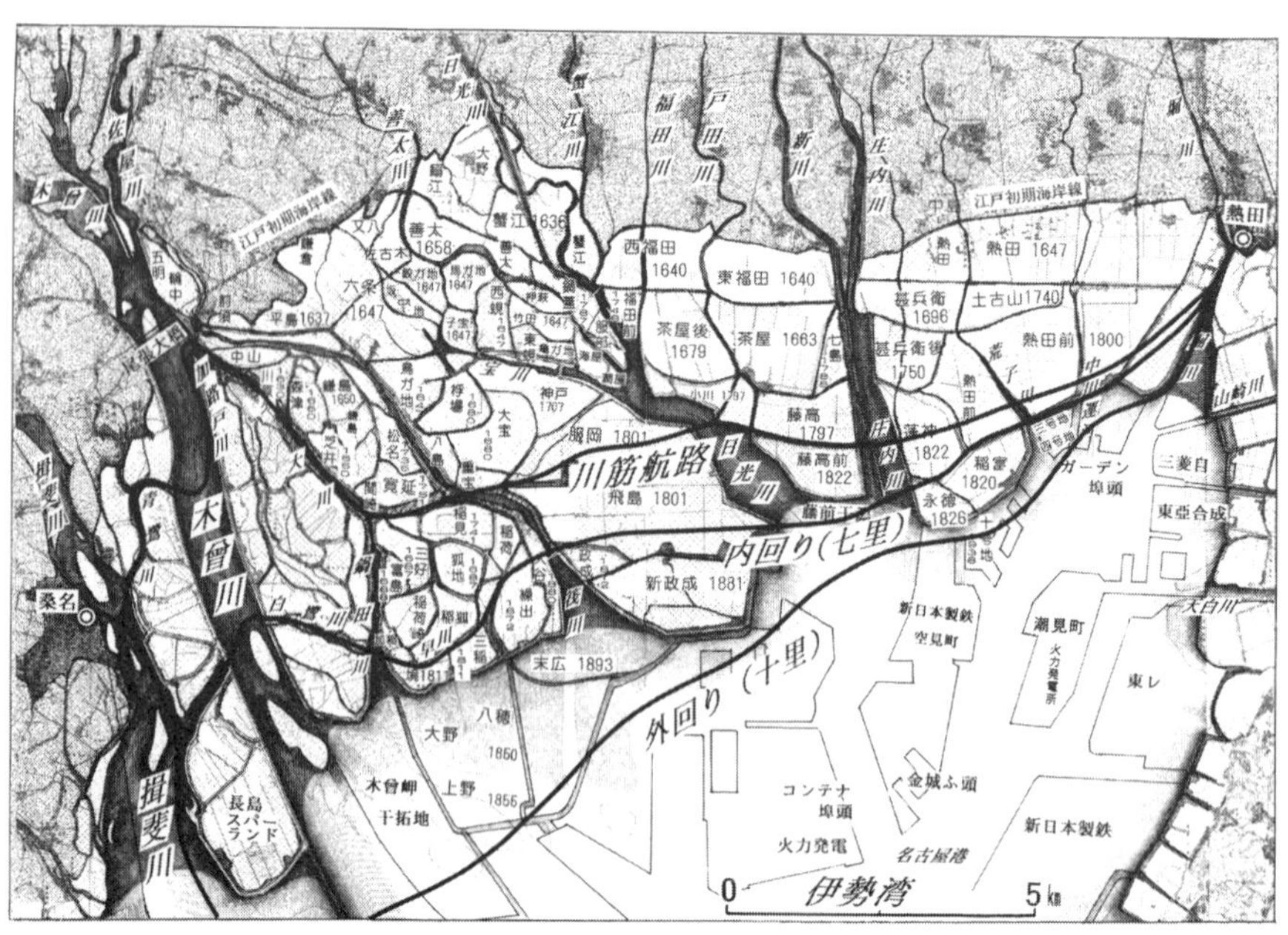

江戸時代「七里渡し」ルートと新田開発図（明治24年地形図を基図とし、野田千平氏航路推定図を加筆）

籠はあれども費（つい）えゆえ、潮先を待つ。申（さる）過ぎ熱田へ上がり、駕籠に乗り、日の暮れに宿へ着く。

（元禄一四・六・一七）

桑名からお昼頃に船に乗った。西風（順風）が強い。引潮のため「鍋田川筋」を通れず、ずっと沖の方へ漕ぎ出た。帆の張りは三分（ぶ）ばかりだが、風を受けて飛ぶように走った。追い風なのにかなり揺れ、波頭に突っ込むこともあった。三時頃熱田に着いたが、干潮のため桟橋の二キロも手前で停泊した。小船はなく馬や駕籠で渡ることはできるが費用がかさむので四時まで汐待ちし、上陸後駕籠で宿に着いた時は、すでに夕暮れが迫っていた。

このときの御畳奉行朝日文左衛門の上方出張は四月二三日から二か月近くに及んだが、上方滞在中はもっぱら社寺参詣と業者の接待記事で埋められ、仕事の話はほとんど書かれていない。とくに京都から大坂へ移動した二〇日間（五月一五日〜六月七日）は、屢妙な場所へも出入りしたらしく『日記』は悪所通いを隠すための謎字に満ちている。この観光出張？を満喫した帰り、干潮のため川筋航路（鍋田通り）がとれず、桑名から揖斐川河口を沖へ出て、波立つ海上航路を進んだというのである。

三　桑名の渡し場

「七里の渡し」で結ばれる熱田宿と桑名宿。名古屋の人は、いまも渡し場近くの熱田神宮へよくお参りに出かけ、境内で「宮きしめん」を食べたり、神宮南の「蓬莱軒」で「ひつまぶし」を食べたりする。

一方桑名のほうはどうかというと、「貝新」のしぐれ煮を買うぐらいで、桑名城跡（九華公園）に肉の柿安本店があるのを知る人も少なく、これに安永餅を加えても駅近くのデパートで事足りる話だ。電車に乗れば一時間足らずで桑名駅に到着するが、そこから渡し場跡（宿場）まで「徒歩一キロ余」が中途半端な所為か、訪れる人は意外に少ない。

桑名の渡し場跡には、常夜燈と伊勢神宮の「二の鳥居」が建

桑名の渡し場「一の鳥居」

九華公園近くの柿安本店

つ（天明年間以降）。ただし昭和三四年の伊勢湾台風で甚大な被害を蒙り、いま水路は高潮防波堤と巨大な水門で閉ざされている。広重の版画「桑名　七里渡口」は、帆を降ろした船と桑名城の蟠龍櫓と思しき城郭を描いている。蟠龍とは「とぐろを巻く龍」の意味で、桑名城に五一基あった櫓（『桑名志』）のうち渡し場に最も近い隅櫓である。瓦に蟠龍を載せたため櫓下に魚が寄らなかったという言い伝えがある。平成一五年の渡し場整備のとき、元の位置にこの櫓が復元され、一階が水門の管理所、二階が展示室になった。

復元された蟠龍櫓

櫓内に展示されている蟠龍

四　本多家の入部

桑名城は、揖斐川に突き出た砂州上に扇形に造られ、水に浮かぶ美しい城として知られた。神戸城主だった一柳直盛（一五六四～一六三六）が、天正一九年（一五九一）から文禄四年までの五年間桑名に在し、その間に神戸城の櫓を移築したのが桑名城のはじめという。

関ヶ原役後の慶長六年（一六〇一）、新しく入部した本多平八郎忠勝（一五四八～一六一〇）は、城の修築と城下町の整備（慶長の町割り）にかかり、本丸、二之丸、三之丸（家老クラスの屋敷地）、内堀を設け、本丸北の新城には城主の居住する御殿を造った。要するに現在の桑名の町の原型は、本多忠勝によってつくられた。

本多家は三河時代から松平家に仕え、家康の制覇を助けた筋金入りの側近で、中でも忠勝は勇猛の士として知られた。ときの落首に「家康に過ぎたるものが二つあり、唐の頭に本多平八」とある。「唐の頭」は中国から輸入したヤクの尾毛を兜に付けたもので、当時珍重されたらしい。この珍品と家臣の本多忠勝が「過ぎたるもの」というわけだが、忠勝の跡を継いだ忠政も大坂の両陣に戦功をあげ、元和三年（一六一七）播州姫路へ二〇万石の加増で移封された。本多家の桑名時代は、二代一七年間と短かった。

本多忠勝像

【本多家略系図】

①忠勝（徳川四天王のひとり）――②忠政（大坂の陣の功績、五万石加増、姫路へ）
　├忠刻（夫人・秀忠の女千姫）
　└③政朝

桑名藩の藩祖久松定綱

元和三年、本多忠政のあとを襲い伏見城代から桑名新城主となった久松定勝（一五六〇～一六二四）は、六万石を加増されて桑名藩一一万石を領した。定勝の母の「於大の方」は、松平広忠夫人であり、家康の実母である。のちに於大の兄水野信元（刈谷城主）が今川を捨て織田方へ走ったため、離縁され刈谷へ帰された。その後、地元阿久比城主の久松俊勝に再嫁して、三人の男子を生み、その三人目が定勝である。つまり家康と久松三兄弟は異父兄弟であり、のちに家康は、彼らに松平姓を名乗らせ、親藩に加えた（久松松平家）。

桑名入りした定勝は、伊勢長島の七〇〇〇石を加増され一一七〇〇〇石を領した。七年間の治世で本丸南の二之丸のさらに南に吉之丸を増築、ここに重臣たちの屋敷と米蔵を造った。寛永元年（一六二四）六五歳で没した後、いったん次男の定行が継いだが、寛永一二年（一六三五）伊予松山一五万石へ転封となったため、三男の定綱（一五九二～一六五二）が美濃大垣六万石から移封された。

この定綱以降、久松家の治世が代々七五年つづくことから、定綱を「桑名藩の藩祖」とする。名君の誉れ高い定綱は、ここ桑名に到るまで転封が多く、慶長九年（一六〇四）の下総国山川五〇〇〇石を皮切りに、慶長一四年（一六〇九）一万石を加増されて山川藩を創設、元和二年（一六一六）常陸国下妻三万石、同四年遠州掛川三万石、同九年山城国淀三五〇〇〇石、寛永七年（一六三〇）、三八歳で美濃大垣六万石といった具合である。彼の治世一六年間に桑名城下は大いに発展し人口も増えた。朝日丸の東に外朝日丸、外堀が造営され、元赤須賀、伊賀町、八幡町新屋敷など城郭と町屋敷も新設された。また城内の朝日丸には学校を設け、諸学、兵術、武術の鍛錬を行い、自らも柳生新陰流を学ぶなど、同時代の尾張藩主義直に似る。

【久松松平家略系図】1

俊勝（夫人於大方）── 定勝（家康の異父弟）┬ 定行
└ ①定綱（桑名藩初代一一万石）── ②定良 ── ③定重（越後高田へ転封）

時は移り三代定重治世下での話、本丸東北角にあった天守閣が、元禄一四年（一七〇一）二月の大火で焼けた。城内と城下の大半も焼き尽くされたため、藩は幕府から一万両を借りて復興にあたったが、天守はついに再建されることがなかった。この災害復興に才を発揮したのが郡代の野村増右衛門だが、彼を重用した定重は何故かその後一転して、野村一族とその関係者を重罰に処した。その惨い処罰をめぐって幕府の取り調べを受けることになり、ついに国替えとなった。いまなお謎の残る「野村増右衛門事件」である。

天守閣の跡

桑名城の堀跡

奥平家の治世

松平定重が越後高田へ転封の後、宝永七年（一七一〇）奥平（松平）下総守忠雅が備後福山から桑名入りした。以後忠堯が文政四年（一八二一）武蔵国忍に移封されるまで、七代一一三年間奥平家の治世がつづく。奥平氏の系譜は古く、伝承では具平親王（九六四〜一〇〇九、村上天皇の第七皇子、漢詩・歌人としても有名）の後裔赤松氏が武蔵七党の児玉氏に入婿し、子孫が上野国甘楽郡奥平郷に住して奥平を称したことにはじまるという。

室町前期に三河国設楽郡作手に移住し、戦国時代に長篠、田峯の菅沼氏とともに山家三方衆と呼ばれた（諸家系図大辞典）。はじめは今川氏に属したが、のちに家康方となり、信昌（のぶまさ）のとき家康の長女亀姫を娶った。信昌は天正三年（一五七五）の長篠の戦いで、長篠城を武田勝頼の攻撃から守り抜き、その名を轟かせた。のち上野小幡（こうずけおばた）三万石、美濃加納一〇万石を領し、子孫は下野宇都宮藩、下総古河（こが）藩、豊前（ぶぜん）中津藩などに封じられた。

このうち信昌の四男忠明（ただあきら）は、天正一六年（一五八八）家康の養子となり松平を名乗った（奥平松平家）。寛永一六年（一六三九）姫路藩一八万石に封じられたが、跡を継いだ忠弘は出羽山形、下野宇都宮、陸奥白河と移り、元禄五年（一五九二）藩政不行届き（白河騒動、家老の対立から九七名の退藩者）のため致仕、五万石を減じて再度山形へ移され、孫の忠雅が藩主となった。のち備後福山藩に移された忠雅は、宝永七年（一七一〇）二八歳のとき大抜擢され、桑名藩奥平家の初代藩主となった。

【奥平松平家略系図】

信昌（長篠合戦の大功）――忠明―忠弘（白河騒動）―（清照）―忠雅（ただまさ）（備後福山より）―忠刻（ただとき）―忠啓（ただひら）―忠功（ただかつ）―忠和（ただかず）―忠翼（ただすけ）―忠堯（ただたか）（武蔵国忍へ移封）

〜　七代一一三年間　〜

桑名藩奥平松平家の、最後の藩主となったのが忠堯（一八〇一〜六四）で、文政四年（一八二一）に家督を相続してわずか二年後に武蔵国忍（おし）藩（埼玉県行田市）一〇万石への転封がきまったが、あまりに突然であったため藩が農民から借りていた講金の返済ができず、農民の怒りを買って一揆が起きた（文政農民一揆）。この窮地を救ったのが桑名の豪商山田彦右衛門で、借金と引っ越し費用併せて一〇万両を用立て、勘定頭八〇〇石の士分に取り立てられて、ともに忍へ移った。

五　久松松平家の復帰

文政六年（一八二三）、奥平と入れ替わって松平越中守定信の子定永が奥州白河より桑名に転封、久松松平家の復帰が一一〇年ぶりに実現した。以後明治四年の廃藩まで三代四六年間、桑名を統治した。

松平定永は、寛政改革を行った松平定信（楽翁）の嫡子である。父定信は田安宗武（将軍吉宗の次男）の七男で吉宗の孫、陸奥白河藩主定邦の養子となり天明三年（一七八三）三代藩主に就いた。同七年、老中首座に昇り、翌年将軍補佐となって寛政改革を主導した。祖父吉宗の享保改革をモデルに、田沼時代一六年の弊害を刷新した。落首「白河の清きに魚も棲みかねて 元の濁りの田沼恋しき」は、前代との対比をうまく表現している。

定信は尊号事件（光格天皇が実父の為に太上天皇の尊号を望み、幕府が拒否）や大奥の粛清策で反発を買うと、いさぎよく老中の職を辞した。引退後の定信は、久松松平家の故地である桑名への復帰を望み、将軍家斉も改革の労苦に報いるため三方所替えを認めた。久松家は白河から桑名へ、奥平家は武蔵の忍へ、忍藩の阿部正権が白河へ転封になった。このうち一番の貧乏くじを引いたのは、奥平家だったろう。

江戸時代、遠隔地への移封はまるで民族大移動のようで、いまのように「引っ越しの〇〇」に頼むというわけにはいかない。奥平家の場合、桑名から埼玉県行田市忍まで四四〇キロを、家臣と家族五五〇〇人が一二、三日かけ、家財道具とともに旅することになる。毎日一〇〇人前後が出発し、移動が完了するまでに実に三か月以上かかった。

桑名と忍、同じ一〇万石でも阿部家の家臣は四〇〇〇人足らず、奥平の家臣は一二〇〇〇人を超えていたから、住宅探しだけでも大変で、当初は数家が同居したという。一方白河から桑名へ引っ越した久松家も、喜んでばかりはいられない。藩の引っ越し費用に九万両かかった。今のお金に換算すればざっと一〇〇億だろう。倹約令で知られる定信の桑名藩復帰が、とんだ借財を生むことになった。しかも定信自身は高齢を理由に桑名へは来ず、六年後に江戸の深川で亡くなっている。

定永が天保九年（一八三八）に没したあと定和（さだかず）、定猷（さだみち）とつづくが、安政六年（一八五九）に（定）猷が二六歳で急逝したあと、嫡子万之助は三歳だったため美濃高須藩松平義建（よしたつ）の八男鍥之助（けいのすけ）（一三歳）が養子として迎えられ、定敬（さだあき）と名乗った。ちなみに義建は一〇男九女の子宝に恵まれ、二男の慶勝（よしかつ）は尾張一四代藩主、五男の義比（よしちか）は高須藩主を経て一五代尾張藩主茂徳（もちなが）となり、七男容保（かたもり）は会津藩九代藩主になっている。

※定猷はのちに家定の「定」を避け、「猷（みち）」と称した。

のちに会津の松平容保が京都守護職となり、一二歳年下の弟定敬が京都所司代となって幕末の動乱に巻き込まれていくが、歴代の桑名藩主をたどるのは、ここまでとする。（参考『藩物語　桑名藩』）

【久松松平家略系図】２

①定綱（桑名）―②定良（桑名）―③定重（桑名高田）―定儀（高田）―定賢（白河）―定邦（白河）―女

吉宗（八代将軍）―宗武（田安）―定信（さだのぶ）（白河）

＝（女・定信）―定永（さだなが）（桑名）―定和（さだかず）（桑名）―定猷（さだみち）（桑名）…（養子）…定敬（さだあき）

東海道四二番目の桑名宿には二軒の本陣と四軒の脇本陣が置かれ、一二〇軒の旅籠（はたご）があった。そのうち東船馬町（せんばちょう）の大塚本陣（与六郎）と駿河屋脇本陣（源七）の跡が、いまの旅館「船津屋」と「山月」にあたる。とくに大塚本陣は建坪二二〇坪と大きく、揖斐川に面して裏口から直接乗船することができた。家茂（いえもち）が上洛の際に泊まり、明治になって天皇・皇后が二度ほど宿泊されている。

※渡し船には五三人乗り、三四人乗り、二六人乗りなどがあり常時七〇隻が行き来していたという。船賃は江戸中期で四五文、今のお金で一二〇〇円ぐらい、ソバ三杯ほどの値段であった。

船津屋と『歌行燈』

明治八年、大塚本陣の一四代与六郎（一八五〇〜九八）は建物を岩間久八に売却、岩間はこれを旅館「船津屋」に改めた。旅館として使い勝手が悪いため明治一九年に建物を解体、改築工事が行われた。そのとき大工小屋から出火、町内一二〇〇戸（六五〇棟）が焼失する大火となった。不思議に船津屋は焼けず、また昭和の戦火も免（まぬが）れて、いまも桑名第一の旅館として趣のある佇まいを見せている。なお隣の旅館「山月」の場所には、かつて脇本陣の「駿河屋」があった。

明治四二年の初冬、三七歳になった泉鏡花（いずみきょうか）は、笹川臨風（りんぷう）（一八七〇〜一九四九、「帝国文学」の編集）や後藤宙外（ちゅうがい）（一八六六〜一九三八、「新小説」編集）らと伊勢の山田・鳥羽を講演旅行し、その帰途、桑名の船津屋へ泊まった。翌年、めぐった土地を舞台とした小説『歌行燈（うたあんどん）』を書き上げ、「新小説」（一月号）に発表したが、ときに文壇は自然主義文学全盛の時代、紅葉の跡を継ぐ浪漫派の旗手といえども評価する人は少なく、一戯作者の扱いに近かったという。そんな不遇のなかで希代（きたい）の名作が書き上げ

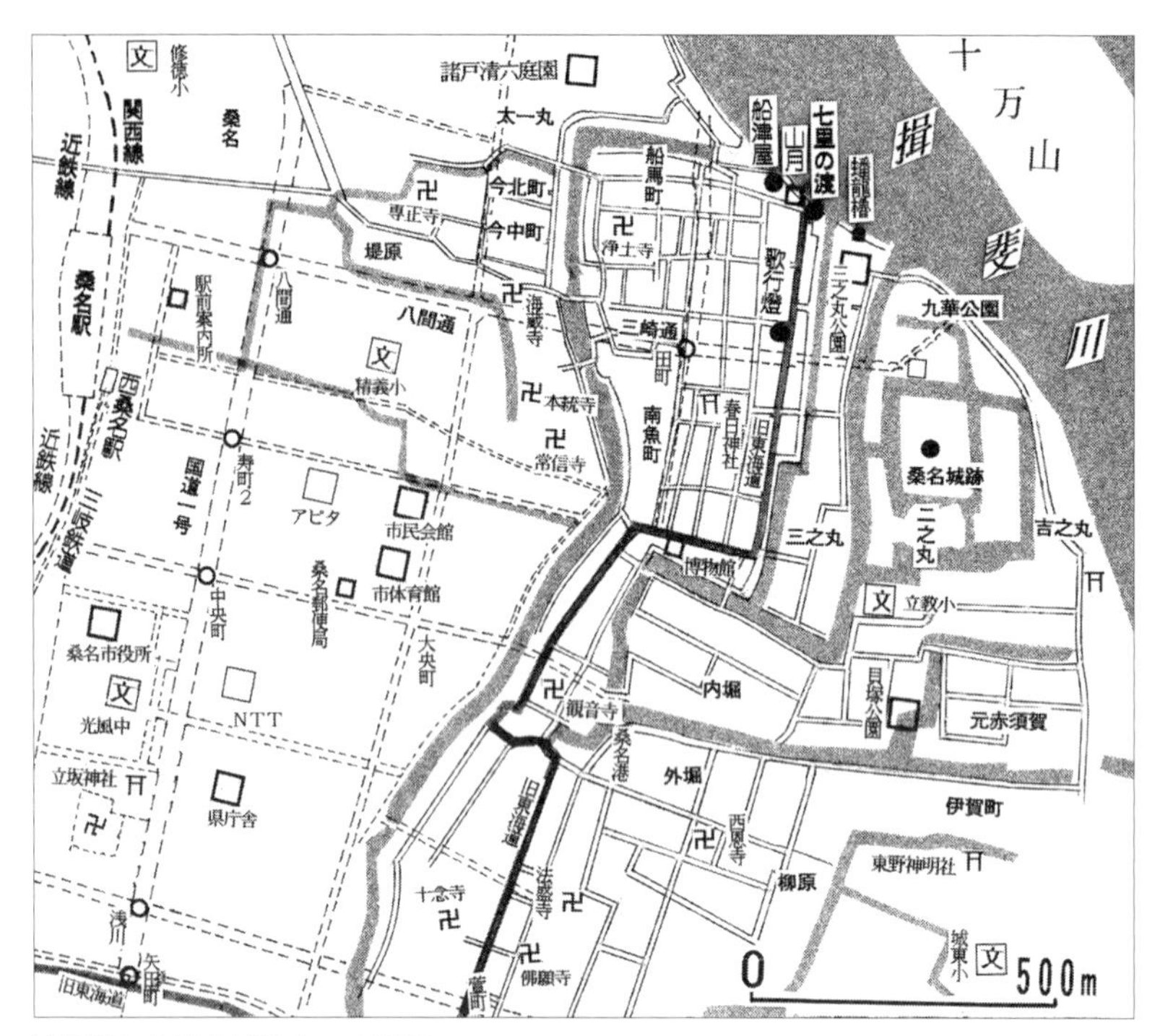

桑名駅から桑名城跡までの略図

山月の北側に隣接する「船津屋」
（小説中の「湊屋」のモデル）

船着場のすぐ北側にある「山月」

られたのである。

〇宮重大根のふとしく立てし宮柱は、ふろふきの熱田の神のみそなわす、七里のわたし浪ゆたかにして、来往の渡船難なく桑名につきたる悦びのあまり……。（『歌行燈』）

鏡花の愛読書『東海道中膝栗毛』五編上の読初めが、そのまま『歌行燈』の書き出しになった。話は、桑名停車場に降り立った小鼓の名手辺見秀之進（七八歳・文中では捻平）と、当代きっての能役者恩地源三郎（六三歳・文中では小父者）の二人が、洒落のつもりで弥次郎兵衛・北八を演じながら、人力車で湊屋（船津屋）へ向かうところからはじまる。

途中、「博多帯しめ筑前絞り、田舎の人とは思われぬ……」と博多節（博多花柳界で歌われる俗謡）を流して歩く若い痩せぎすの門附を追い越し、老人はちょっと気になる様子で振り返る。これが第一の伏線で、このあと門附は「うどん屋」に入って熱燗を頼み、うどん屋の女房を相手にしながら茶碗酒を呷る。折しも遠くから聞こえてくる按摩の笛に、ひどく怯えた様子が尋常でない。

若者は実は能役者恩地源三郎の養子喜多八、三年前二人は伊勢参宮の途、山田尾上町に泊まった。喜多八は其処で謡の名人「按摩の惣市」の噂を耳にする。流派は恩地家と同じだが宗家のつもりか「宗山」を名乗り、古市に小料理屋を出し三人の妾を囲っているという。喜多八は含むところがあって宗山を訪れ、「ぜひ謡を聞かせてほしい」と頼む。宗山が二階へ招いて披露した芸は、なるほど素人芸ではない。しかし喜多八は膝を叩いて拍子をとりながら、微妙に間を狂わせていく。名人の膝を打つ変調に、やがて宗山の額から汗が噴きだし、声はかすれ、手は畳を掻いて、遂にドゥと突っ伏した。荒い息の中から、それでも宗山は喜多八の素性を見抜き、一節でも聞かせろと懇願する。喜多八はそれを振り切って階段を駆け下り、門口へ出るところで若い女に袖を掴まれる。のちに女は妾ではなく宗山の娘と知るが、これが第二の伏線。喜多八は「慰み者になるな」と言い捨て、女の手を振り切り宿に帰った。
その晩宗山は憤死した。鼓ヶ岳(つづみがだけ)の麓の広場で木の枝に首を括(くく)って死んだ。その書置きから事情が知れ、今宵二人が泊まるはずの二見の朝日館前は黒山の人だかり。宗山を殺すほどの謡(うたい)をぜひ聞きたいと地元の名士が殺到したのだ。恩地源三郎は怒り心頭、喜多八に勘当を言い渡し、衆に向かい、墓前に謡を手向けることで許しを請うた。

追放された喜多八は、名古屋大須観音裏の古道具屋で三味線を買い求め、門附をしながら西国を流し歩く日々、ふらりと伊勢の山田へ舞い戻り、そこで芸者に売られた宗山の娘（袖・三重）に巡り合う。三味も弾けなければ踊りもダメ、それでも操を守るから、船に売られ海女(あま)の真似をさせられる。見かねた人の手引きで古市の姐(ねえ)さんに請け出され、改めて芸を仕込まれるが一向に上達しない。そんな或夜、身震いするほどの名調子を耳にした姐さんは、お三重にお捻(ひね)りを持たせる。行き過ぎる門附を呼び止め盆を差し出しながら、三重は思わずその手にすがり泣き崩れた。わけを尋ねる門附に三味線芸の覚えられぬことを話すと、男はこれから数日、願掛けと偽って深夜に出て来いという。そして五日が経(た)ち、「もうよい、この舞でお座敷を務めよ」と舞扇(まいおうぎ)が渡された。しかし古市に能舞のわかる人はなく、また深夜に憑き物したと噂され、居づらくなった三重を、姐さんは知合がいる桑名へ寄越した。

湊屋に泊まった小父者(おじご)は、退屈しのぎに芸妓(げいぎ)を呼んだ。団体客に重なったらしく、来たのは三味線一つが弾けぬお三重、「肩を揉むか話し相手くらいなら」と消え入りそうに答えながら、それでも最後に「お能の舞が一つだけ……」と呟(つぶや)くように言う。鼓の名手捻平(ねじへい)は「お能なぞ真っ平御免」と取り合わないが、小父者は虫の知らせか「話のタネに」とお三重を促す。

舞扇を手に、謡い、舞いはじめて間もなく、「待てぇい」と捻平が鋭く遮(さえぎ)った。名人二人には、誰が秘曲を教えたのか直ぐわかった。優しくその経緯を尋ねると、お三重は鼓ヶ岳の麓、五十鈴川の畔で門附に五日間教わったと語り、父の件は固く口止めされたと話す。すべてを知った二人はお三重を改めて「嫁」と呼び、威儀を正した名人二人の鼓と謡にあわせ、再び舞いはじめる。

うどん屋で幽かに鼓の音を耳にするや、喜多八は「雪叟（辺見の号）が鼓を打つ！」と身悶えし、湊屋へ走る。丁度源三郎の謡の一節が途絶えようとしたとき、喜多八は湊屋の門口で爽やかに調子を合わせた。それを耳にし一瞬よろめく三重の体を源三郎が支え「大事な処、倒れるな」と励ます……。湊屋から真っ直ぐ延びる路の処々に掛行燈の灯がさし、杖をついた按摩の影を写し出している。

二か所で同時に展開するストーリーが次第に高揚しながら一つに合体し、鼓が高鳴る中、突然ふっつりと終わる「能」にも似た筆の運び。文中で辺見も恩地も喜多八もお三重も、そして按摩さえも「見事な芸」を演じて見せるが、すべてを操るのは鏡花で、この鏡花の至芸ともいうべき調べを愛する人は多い。ある本に、大岡昇平も中村光夫も福田恒存も河盛好蔵も寺田透も福永武彦も、加えて小林秀雄も鏡花の愛読者に名を連ねているとある（郡司勝義『小林秀雄の思ひ出』）。

小林秀雄は「鏡花の（小説の）うまさという様なものになると、うまさの階段を驀地に（たちまちに）登り詰めて、もうその先がないと言った様なもので、彼がうまいのか、うまさが彼なのかよく解らない。こういう作家には、化かされなくても少しも自慢にならないから、化かされている方がいいに極まっている」（「鏡花の死其他」。現代仮名遣いに改めた）と、氏独特の表現ながら、絶賛である。

『歌行燈』を読み始めた頃、鏡花の古風な文体になかなか馴染めず、「スジ」さえまともに掴めない。しかし五度、六度と読み返すうち、次第に熱いものが込み上げてくるようになった。「雪叟が鼓を打つ、鼓を打つ！」あたりで怪しくなり、「やあ、大事な処、倒れるな」から「舞も舞うた、謡いも謡う。はた雪叟が自得の秘曲に、桑名の海も……」になると、もうイケない。

某日桑名の渡し跡近くに、船津屋を訪れた。訪れたと言っても、喜多八のように宿の門口に立っただけで、なかに入る勇気はない。塀に沿って歩きながら、やがて塀にめり込んだ形で建てられている久保田万太郎（一八八九〜一九六三）の句碑を見つけた。

小説家にして劇作家、鏡花に私淑していた万太郎は、昭和一四年鏡花の許可を得たのち『歌行燈』を脚色するため桑名の船津屋に泊まり、構想を練った。やがて完成した原稿を鏡花に見せたところ、その出来に満足したのか、師は翌九月に逝った。

作品は、翌昭和一五年の七月、明治座で花柳章太郎、水谷八重子らにより上演され、大当たりをとった。昭和一八年には成瀬巳喜男監督、主演花柳章太郎、山田五十鈴で映画化、さらに昭和三五年、衣笠貞之助監督、主演市川雷蔵、山本富士子で再度映画化された。『歌行燈』は小説でありながら「映画的」「能楽的」と評され（吉田精一）、舞台化や映画化にはもってこいの題材だった。最初の明治座上演ののち補筆のため万太郎は数回船津屋を訪れ、そこで詠まれたのが、船津屋の塀際の句碑だ。

○かはをそに　火をぬすまれて　あけやすき

※「春燈」昭和三〇年七月号所収、「桑名船津屋にて　獺に燈をぬすまれて　明易き」とある。昭和三一年建碑。

船津屋玄関

うどん屋の女房が湊屋（船津屋）のことを「この土地じゃ、まあ彼処一軒でござります。古い家じゃが名代で……奥座敷の欄干の外が、海と一所の、大い揖斐の川口じゃ。白帆の船も通りますわ。鱸は刎ねる、鯔は飛ぶ。頓と類のない趣のある家じゃ。ところが時々崖裏の石垣から獺が這込んで、板廊下や厠に点いた燈を消して、悪戯をするげに言います。が、別に可恐い化方はしませぬで」と説明する。これを受けて詠まれた句で、「時にそんな怪異が起きる宿だが、夏の夜は直ぐ明けるから、心細くはない」の意味にとれる（「明易し」は夏の季語）。また鏡花と万太郎師弟の親密な関係を考えれば、「師のこと（怪異の世界）をいろいろ偲ぶうちに、短い夏の夜は明けてしまった」ともとれるだろう。

なお恩地源三郎のモデルはいろいろに取沙汰されているが、鏡花の伯父の宝生流名手松本金太郎もその一人という。

桑名渡し場跡の大鳥居から、まっすぐ旧東海道を南へ下る。二〇〇メートル余で広い八間通へ出るが、その少し手前にうどんの「歌行燈本店」（江戸町一〇番地）がある。小説に出てくるうどん屋を思わせ、距離的にも「船津屋より二、三丁」の位置にあって具合が良い。ただし船津屋の門口へ突き当たる路はこれよ

「かはをそ」の句碑

歌行燈本店

り一本西になり、小説の設定どおりとはいかない。

「歌行燈本店」の趣ある佇まいが以前から気にかかっていたが、某日のお昼過ぎ思い切って暖簾を潜った。さすがに「かけうどんを一つ」というわけにもいかず、注文したのは地元の名物蛤入りのうどんと小椀の五目飯、天婦羅と茶碗蒸しのセットで、関西風の甘い出汁がしっかり効いて美味しかった。店の栞には「明治一〇年の創業で、もと廓町の中にあった〈うどんの志満屋〉が、名代の釜揚げうどんに歌行燈と名づけ、その味を守って来た」とある。それなら釜揚げを注文すればよかったが、栞を見たのは食べ終わったあとだった。

七　その手は桑名の焼蛤

桑名といえば、「その手は桑名（喰わな）の焼蛤」を連想する。「その手は喰わない」という慣用句に「桑名」を掛けて、つづく「焼蛤」は誰もが知る桑名名物だ。しかし、実際に旅人が食べた場所は「小向（現、三重郡朝日町内）」や「富田（「とんだ」とも、現四日市市内）」など、桑名と四日市の間の立場だったという。　※立場は駕籠舁きが杖を立てかけ休んだ場所、宿場間の長い処には立場茶屋（茶店）があった。

『伊勢参宮名所図会』は富田の茶店を「焼蛤」と題して描き、『東海道中膝栗毛』は「焼蛤を食わせるのは小向と富田」と紹介する。肝心の桑名はといえば、今も昔もつくだ煮の「時雨蛤」である。それなのになぜ「焼蛤は桑名」とするのか。

桑名に近い木曽三川河口は、最高のハマグリ漁場だった。桑名の蛤は殻が大きく貝合や膏薬の容器として利用された。経済学者の野中兼山（一六一五～六三）が江戸から故郷へ帰る途中土産として上されたのも、この蛤だ。

民俗学に詳しい八木洋行氏は「桑名の蛤は、三大河川の河口沖合水深一〜三メートルの、砂地と泥が程よく混じる汽水域（真水と汐が混じる）に生息する」とし、木曽川の吐き出す砂は粗く、長良・揖斐の砂は細かいと解説する。河口といっても、堆積は微妙である。蛤は大きなもの（一〇年もの、大ハマ）で二四センチ、中位の貝で（五、六年もの、中ハマ）一五センチほどあり、とくに旨いのは、中ハマらしい。蛤の蝶番部分は貝ごとに異なるため、「貝合せ」の遊びができる。昭和四〇年代までは年間二五〇〇トンの水揚げがあったが以後は減少を続け、平成六年に長良川河口堰ができてからは砂が減少し、蛤よりアサリの漁場に変化した。しかしブランド名を維持するため、台湾から輸入しているという。

江戸時代も桑名と言えば、まずハマグリの産地が連想されただろう。煮ても焼いても構わないが、松葉や松毬で焼いた熱々が最高の食べ方で、旅人には旅籠より茶店の軒先がピンとくる。煙とともに海の香りが辺り一面に漂い、何より目の前ですぐにできあがるのが魅力だ。どう見ても、旅籠より立場の焼蛤に軍配が上がる。

江戸文化に詳しい今井金吾氏（一九二〇〜二〇一〇）は、揖斐川河口で採れる蛤は厚くて割れにくく貝合せに向いているが、庶民にとっては貴族の遊びより「食べる蛤」、何と言っても焼蛤が一番で、当時江戸へ下る旅人たちはすでに東富田や小向で焼蛤を堪能していて、いまさら桑名で《生きた蛤》を向けられても《その手はくわなの……》と洒落のめしたことから生まれた掛詞と、いささか異なる角度から解説されている。たしかに桑名の「飯盛女」は評判だったが、それでは話が逸れる。

『伊勢参宮名所図会』に、茶店の軒先に四角い火床を置き、松毬で蛤を焼いている画がある。右

冨田の焼蛤（蔀関月編 版本地誌大系 16『伊勢参宮名所図会』臨川書店 1998 年）

上に「冨田（とんだ）焼蛤」とあり、茶屋の様子を丁寧に描いて其角（きかく）の「蛤の焼かれて啼（な）くや郭公（ほととぎす）」の句を書付けている。よく見ると茶屋の看板に「名物志ぐれ蛤」とあり、解説に「醤油で味付けをした」と記す。「焼蛤に醤油を垂らせばしぐれ蛤になる」と片づけられては、「焼蛤か時雨蛤か」の議論が無駄になる。のちに桑名市の図書館で地元誌の『蛤の話』（堀田吉徳・水谷新左衛門共著）を見つけ、次の個所を読んで納得した。

○もともとは「焼きはまぐり」「煮はまぐり」両方とも街道の茶店で売っていた。焼きはまぐりは松かさを燃やして即席に食べさせたものであり、煮はまぐりはたまり醤油で煮付けて土産用として売っていたものである。

要は当時の茶店は「焼蛤・時雨蛤の両方を売っていた」という話、焼蛤の方は軒先で実演されており、店内にはお土産用の志ぐれ蛤も置いてあります、というわけだ。同じように「その手は桑名の焼蛤」も一歩引いて考えれば納得がいく。名物の焼蛤を食わせた富田も小向も当時は桑名藩領だったし、別に宿場町としての「桑名」の名に拘る必要はない。また桑名宿の旅籠が、全く焼蛤を出さなかったわけでもなかろう。

八　志ぐれ蛤（時雨蛤）と都春錦

本題の「しぐれ」に戻る。桑名の町で盛んにつくられ、やがて全国に販路を広げていった「しぐれ蛤」、まずはその由来から。

桑名城西側の見附（番人のいる門）の一つに「三崎門」があり、この門外の一帯を今一色町といった。「今一色」は伊勢の二見にある名で、五十鈴川・勢田川河口付近にいまもその名が残る。全国的に蛤の名所として知られており、その名に肖って桑名の河口部に同じ名を付したとされるが、『桑名市史』はこれを俗説とみる。二見七郷のひとつ「今一色」を蛤の名所とするのは、西行が二見に住み、蛤の歌を残したからだろう。

大化以後、志摩と伊賀が伊勢国から分離し、伊勢国には桑名、朝明、度会など一三の郡が残った。度会郡には宇治、田辺、高向、二見郷など一三郷があり、そのうち二見郷は五十鈴川と五十鈴川派川（分流）に囲まれた海岸にあって、溝口、西、庄、三津、山田原、出口など六村から構成されていた。のちに河口に突き出した「今一色」が加わり、合わせて「二見七郷」と呼ばれるようになった（『勢陽五鈴遺響』）。七郷とは七つの村で、最後に五十鈴川河口の三角州が干拓され、漁師村として今一色が成立した。この今一色から東の夫婦岩にかけて二見浦と呼び、ここで貝拾いする女児らを、西行が歌に詠んだのである。

○今ぞ知る　二見の浦の　はまぐりを　貝合せとて　覆ふなりけり　（『山家集』下雑一三三六）

この歌には詞書があって「伊勢の二見の海岸で、身分のありそうな女児たちが蛤を拾い集めていて、まるで漁師のような真似だが、京から貝合せの貝が欲しいと言って来るからだ」と記している。西行も女児たちが貝合せの遊びのため採集していることは、むろん知っている。それにしても「二見の蛤が、都人から斯くも持て囃されていることを、改めて知った」という意味だろう。西行が三〇年にわたる高野山の生活を捨て伊勢の二見に移り住んだのは、源平の合戦がはじまる治承元年（一一八〇）のことである。二見七郷の一つ溝口の安養寺に西行は庵を編んだ。二見浦へ二キロほどの処にある。

二見の埼にあたる「一色」について、「新田や出屋敷と同じで、開発した土地に民が居住したので《居（屋）敷》の名が生じた」（『勢陽五鈴遺響』）とする。全国各地に一色の地名はあり、その多くは一色田（荘園などで一種類の税だけ納める田）に起源をもつ。河口などの開拓地にその名が多いのは、開拓時に税の一部が免除されることと関連するのだろう。その一色に「今」が付けば、さらに新しい開拓地ということだ。桑名の今一色は、二見の今一色と地勢や成立の事情が似ているが、桑名が二見を真似したとは限らない。「ともに蛤の名産地であることから生じた説」とする『桑名市史』の見解に従いたい。

桑名に今一色が誕生して以来、庄屋を務めたのが水谷家で、その子孫から「貝新」宗家が出た。時雨煮で知られる「貝新」家は、初代の水谷新左衛門（享保一三年没）以来襲名を重ね、昭和まで九代に及んだ。同家は数家に分かれ、本家は今一色より本町、さらに西桑名へ転居し、分家のほうは魚町、魚棚、川口、本町に分かれて、現在も営業している。

いま「今一色」の町名はない。三崎門を出たところからお濠沿いに北へ並ぶ「今片町、今中町、今北町、太一丸、南へ並ぶ「北寺町、南寺町」、少し離れて「堤原」、これらのすべてが当時の「今一色」である。このうち北外れの「太一丸」は船名を連想させる。むかし本多侯が当地と長島と堺に大型船を造らせてその船を太市丸と命名、伊勢神宮のご用材を運んだことから命名されたという（『久波奈名所図会』）。近くには諸戸清六庭園があり、二代目清六が建てた「六鹿苑」はいまも訪れる人が多い。

辞書では「太一」を「たい-いつ」と読ませ、「万物成立の根源」「天を主宰する神」と説明している。吉野裕子氏は、中国の道教思想の頂点にある「太一」が日本の神道と習合し、神社の頂点に立つ「伊勢神宮の別称」になったとされる（『陰陽五行思想から見た日本の祭』）。いまでも伊勢神宮へ物品を納める列に、「太一御用」のノボリを立てることが多く、別宮の「伊雑宮」御田植祭では「太一」と大書した団扇が出てくる。神宮では「太一」を「だい-いち」と読ませ、神宮御用のさいの「御印」として書き付けているが、明治五年に「今後神宮神号の太の字を大に改む」太政官布告が出て以来、「太」「大」の混用が起こったという（『三河絹の道』）。いずれにせよ、御用船の名が町名となって伝わるのは珍しい。

この「太一丸」の地に古く佐々部家があって、その三代目佐々部祐信（一六六九～一七四六）は、美濃の各務支考（一六六五～一七三一、芭蕉の高弟）の弟子で「岱山」と号した。彼のもとに今一色の業者から「地元でつくる煮蛤に、好い名を付けて欲しい」と依頼があり、岱山が師匠の支考に相談して「時雨蛤」の

三崎門見附跡（見附跡の説明板が見える）

名をもらったという。その経緯を語る手紙が残されており（年月日不明）、「今一色から他国へ売り広めている蛤の煮付に好い名が欲しいと或る人から頼まれ、一〇月から作りはじめると聞いて、時雨蛤の名を送った」とある。旧暦一〇月（晩秋から初冬にかけて）にそぼ降る雨を時雨といい、一〇月を「時雨月」ともいう。いまの暦でほぼ一一月にあたる。支考の活動期から推して、命名の時期は元禄の末か宝永の頃だろう。

別な起源を紹介する書もある。元和二年（一六一六）烏丸大納言光弘が関東へ下向の途次、七里の渡しの船待ちに焼蛤を賞味し、折から降る時雨を見て「神無月、ふりみ降らずみ定め無き、しぐれは冬の初めなりけり」の古歌に因み「時雨」と名付けたのが始まりという。ただしこのとき食べたのが「時雨煮」でなく「焼蛤」では、話がややこしくなる。

また本願寺の名古屋門跡に勤仕した某が立冬の時雨どきに、門主の徒然を慰めるため蛤の生姜煮を供したところ気に入られ、季節の蛤の名称になったとも（本山荻舟『飲食事典』）、一身田高田専修寺法主夫人の侍女時雨が、郷里桑名の煮蛤を献上して喜ばれたので彼女の名を付したともいうが、『桑名市史』（昭和三二年刊）は、支考の命名説以外は「俗説」としている。

料理本で「しぐれ煮」を引くと「魚・貝・肉に生姜を加えて、醤油・味醂・砂糖で辛く煮たもの。貝類は一度煮て笊にあげ、汁を煮詰めてから貝を入れ煮る」とあり、これが一般的な説明だろう。『図説江戸時代食生活事典』（日本風俗史学会編）では「汁気の少ない料理」として時代の古い順に「都春錦（田夫）・時雨煮・佃煮」の三つを挙げている。

都春錦は、今は辞書にも載っていないが、かつて流行したらしい。材料の「鮭の皮・田作（ごまめ／日干ししたカタクチイワシ）・黒豆・から皮（山椒の小枝の皮）・むかご（葉の付根に出来る珠芽）・青昆布・生姜・麩・陳皮（干した蜜柑の皮）・梅干し・椎茸・木耳」を指先大に切り酒をひたひたに入れゆっくり煮る。その煮汁に削り節を混ぜ、煮あがり一升の材料に貝杓子二杯の溜りを差して煎りあげる、とある（『料理秘伝記』一七八七年頃）。これは田夫の作り方と同じで、都春錦は田夫の高級品らしい。都春錦の名は一八世紀の料理本を最後に姿を消し、田夫の方は変形に変形を重ね、現在のかたちになったという。都春錦と入れ替わるように登場するのが「時雨煮」で、これにやがて「佃煮」が加わった、とある。

都春錦が姿を消したのはややこしい材料の所為だろう。とても長続きしそうにない料理だ。この名前の由来は『古今和歌集』の歌にある。作者は遍照の子の素性法師で三六歌仙の一人に数えられている。

○見わたせば　柳桜を　こきまぜて　都ぞ春の　錦なりける（古今五六）

詞書に「花ざかりに京をみやりてよめる」とある。歌は「柳の緑と桜の白を混ぜ込んで、まるで春の錦だ、錦は秋の紅葉に限ったものではない」といったところ、「春の錦」とは新しい発見だが、「秋の錦」に比べてどうだろうか。先の材料を全て混ぜ込むとどんな色になるのか覚束ないが、「都春錦」という名前ほどの艶やかさはあるまい。「こきまぜる」などという平俗な響きの語が、平安の昔からあったというのが面白い。

この都春錦が、ある日の尾張藩士朝日家の食卓にのぼった。元禄八年の『鸚鵡籠中記』に次の記事が載る。

○夜、予が所へ平兵・久兵・弾七・武兵・七内・加左を振る舞う。源右は風を引き来ず。平兵より鮒一五枚来る。吸物（鮒・あらめ）・煮物（干し鮭・ねぶか・大こん）・焼物（大嶋えび・嶋いわし）・香の物。肴・熬物（鴨・菜）・都春錦、焼蛤、田楽、芥子酢魚。菓子蜜柑。（元禄八・一二・八）

元禄八年は、二二歳になった朝日文左衛門が前年末の家督相続を受け、正月に城へ初出仕、三月

イリコの製法（『山海名産図会』）

に妻けいが娘「こん」を出産、九月には両親が屋敷内に建てた隠居部屋へ移って、文左衛門が文字通り戸主となった年である。その年の暮れに母の実家の伯父や従兄弟らを自宅に招き、馳走を振舞った。そのメニューの中に「都春錦」があり「焼蛤」があった。呑兵衛たちはさぞかし堪能したろうが、話はこれで終わらない。

料理人で料理研究家でもある江原恵氏はこの記事を解説して、都春錦とは「クシコ、イリコなど干ナマコのこと」で「伊勢・志摩・三河はコノワタの多産地であったから、名古屋地方に出まわる干ナマコの量も多かったと思われる」と注記されている（『江戸料理史・考』）。

「串海鼠」や「熬海鼠」は高級食材で、『山海名産図会』にその製造工程がくわしく描かれている。作業小屋の中で半裸の男が長い棒を持ち、海鼠の入った大なべをかき混ぜて内臓を取った海鼠を強火で煎（熬）っているのである。水気が失せ黒くなると笊に取って

朝日文左衛門の参詣日記
二つの社と二つの渡し

仕様：A5変判　並製　本文176ページ
定価：本体1400円＋税

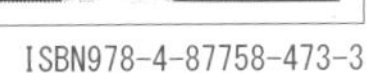
ISBN978-4-87758-473-3

大下　武

『鸚鵡籠中記』から読み解く熱田神宮と津島神社

アマテラスが祀られる熱田神宮、牛頭天王が祀られる津島神社。伊勢湾岸をかすめて熱田と桑名を結ぶのは「七里の渡し」、木曽川水系を経て津島（後に佐屋）と桑名を結ぶのは「三里の渡し」。

朝日文左衛門が参詣した二つの社と二つの渡しの歴史と現在が明らかになります。

2018年10月

◆歴史を楽しむ本◆

仕様：A5変判　並製
口絵カラー8ページ＋本文128ページ
定価：本体1500円＋税

ISBN978-4-87758-443-6

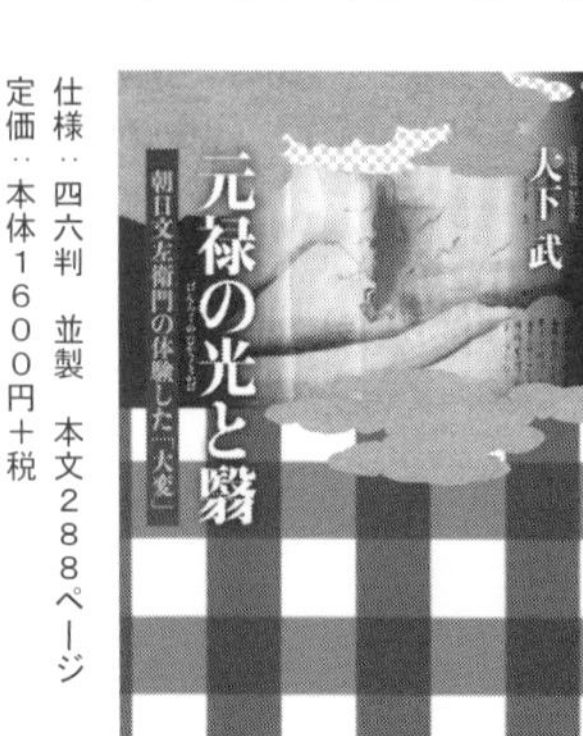

仕様：四六判　並製　本文288ページ
定価：本体1600円＋税

ISBN978-4-87758-451-1

遠いむかしの伊勢まいり
朝日文左衛門と歩く　大下　武

徒歩と船と駕籠の時代の旅に
思いを馳せながら伊勢への道をたどる

およそ300年前の尾張藩士の日記に三度の伊勢まいりの記述がある。それをたどりながら、伊勢路をいくつかに刻み、最寄り駅からせっせと歩いて、遠いむかしの伊勢まいりに思いを馳せたユニークな旅の記録。現代でしか出会えない名所もコラムで紹介。

元禄の光と翳
朝日文左衛門の体験した「大変」　大下　武

元禄関東大地震、宝永大地震、富士山噴火
そのとき江戸時代の人たちは……

「戦争のない二五〇年」の最初に開花した元禄文化、そして、元禄関東大地震、宝永大地震、富士山噴火とつづく天変地異、現代に似た時代を生きた尾張藩士朝日文左衛門の日記『鸚鵡籠中記』から江戸時代人の知恵と態度を学ぶ。

◆歴史を楽しむ本◆

仕様：Ａ５変判　並製
口絵カラー４ページ＋本文１６０ページ
定価：本体１３００円＋税

ISBN978-4-87758-452-8

仕様：Ａ５変判　並製　本文１６８ページ
定価：本体１３００円＋税

ISBN978-4-87758-459-7

尾張名古屋の歴史歩き

名古屋の魅力、大発見！

歩いて感じる小さな歴史

大下　武

戦国時代の城跡、空襲で燃えた名古屋城、碁盤割の城下町、東海道の宿場、大火でできた通りなど、名古屋とその周辺を歩き、歴史の欠片をていねいに集めました。

小さな歴史を知ることで、いつもの景色がちがって見えてきます。街歩きのお伴に最適。

朝日文左衛門と歩く名古屋のまち

名古屋の魅力大発見！

江戸時代のまちを知る

大下　武

江戸時代に詳細な日記『鸚鵡籠中記』を残した朝日文左衛門とともに名古屋のまちを歩きます。

とはいっても、日記を正確に読み解くためには江戸時代の「日付と時刻」を知ることが必要。太陽太陰暦で、時刻もいまの時計が示す時刻とは多いに異なっていた江戸時代。まずは朝日文左衛門と待ち合わせるために、「時刻」の謎を解くことから。

◆歴史を楽しむ本◆

仕様：A５変判　並製　本文１５２ページ
定価：本体１３００円＋税

ISBN978-4-87758-459-7

尾張名古屋の武芸帳
朝日文左衛門の武芸遍歴
大下　武

剣は武蔵の円明流、矢田川河原で砲術も

江戸時代に詳細な日記『鸚鵡籠中記』を残した朝日文左衛門は、剣だけでなく、弓、槍、鉄砲など手当り次第に入門しています。

文左衛門の好奇心と記録癖のおかげで元禄期の日本を代表する「剣の連也」「弓の星野勘左衛門」など、当時の武芸界の一端も知ることができます。

ゆいぽおとでは、
ふつうの人が暮らしのなかで、
少し立ち止まって考えてみたくなることを大切にします。
テーマとなるのは、たとえば、いのち、自然、こども、歴史など。
長く読み継いでいってほしいこと、
いま残さなければ時代の谷間に消えていってしまうことを、
本というかたちをとおして読者に伝えていきます。

ゆいぽおと　http://www.yuiport.co.jp/

〒461-0001　名古屋市東区泉一丁目 15-23-1103
TEL052-955-8046　FAX052-955-8047
発売　KTC 中央出版［注文専用フリーダイヤル］
TEL0120-160377　FAX0120-886965

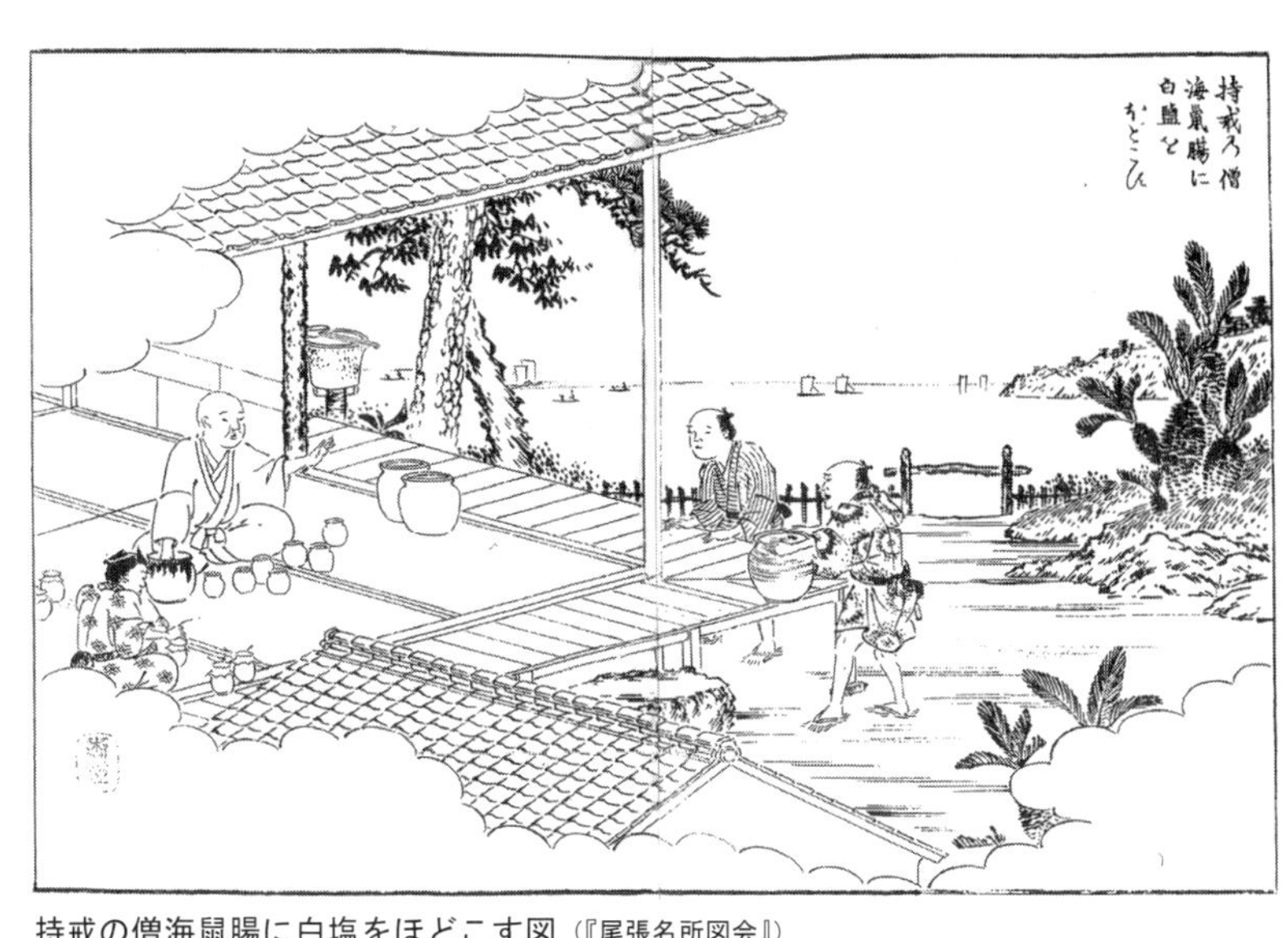

持戒の僧海鼠腸に白塩をほどこす図（『尾張名所図会』）

表へ運び莚（むしろ）に広げる。これが「イリコ」で、さらに串に差し簾（すだれ）状に掛けて干したものが「クシコ」、両者とも同じようなものだが、料理のときは三日ほど水に漬けてから軟らかくなるまで茹（ゆ）で、煮物などに使うのである。

取り去った「内臓」は捨てない。「海鼠（こ）の腸（わた）」はナマコの塩辛として高価なのである。よく水洗いして上質の食塩を加え、かき混ぜ密封して熟成させる。むかしは越前敦賀の名産で伊勢でも作ったが、のちに知多や三河産の評価が高まった。『尾張名所図会』の知多郡の項に、大井村の名産としてコノワタが紹介されている。

○むかし塩辛つくりの名人の坊さんがいて、浦人（うらびと）がきれいに洗ったナマコのワタを盤に入れて差し出すと、見計らって塩を投げ込み、浦人はすぐにヘラで掻き均（なら）す。その辺りの呼吸が絶妙で数日すると、極上のコノワタが出来上がる。

海を臨む座敷に座っているお坊さんのもと

へ、ナマコのワタを「盤」に入れて訪れる浦人の姿を描いた図が添えられている。「見計らって塩を投げ込む」というあたりが、一種の名人芸で、誰にも真似ができない。

コノワタよりも高級なのが「海鼠子(このこ)」（「くちこ」とも）で、ナマコの卵巣を乾燥させ、三味線のバチの形に仕上げる。卵巣は一体の雌からほんの僅かしか得られない。その卵巣を水洗いしバチ形に整形しながら干してつくる。「くちこ」を作るのに数キロのナマコが必要らしい。一枚の「くちこ」は珍味の売り場に今も売っているが、小さな一枚（一七グラム）ものが五千円は下らない。物は試しと一度買って食べてみたが、如何(どう)だったと聞かれても困る。日本人は時に妙なものを珍重するのである。

市販の「くちこ」

道草はそれぐらいにして、「都春錦」の扱いには困った。名前の由来は素性法師の歌以外に考えられず、そうであれば先の『料理秘伝記』が言う「溜り醤油でたくさんの具を煮て混ぜたもの」になる。一方の江原氏も江戸の料理本には詳しく、根拠があっての「くちこ」説だろう。『料理秘伝記』より三、四〇年早く出た『伝演味玄集(でんえんみげんしゅう)』（一七四五・諸星吮潮斎(いんちょうさい)）は「柳桜をこきまぜてと云う心にて、都春錦と云うなるべし」と由来を述べたあと、混ぜる具を何と六〇種近く挙げている。その中に「くしこ」のあるのが唯一の手がかりで、異説の多い料理本のことだから、中には「くしこ」をメインに据えた一書があったのかも知れない。それ以上は不明で、宿題としておきたい。

今一色に話を戻すと、佐々部岱山(ささべたいざん)は各務支考(かがみしこう)に相談して「しぐれ蛤」の名を貰ったわけだが、では岱山に依頼した蛤(はまぐり)業者とは誰だろう。今一色庄屋の水谷家から初代の貝屋新左衛門が出ており、時代が岱山や支考に重なることから、依頼主が新左衛門だった可能性は高い（『桑名市史』）。かれは享保一三年に没し、子孫も同じ新左衛門を名乗ったが、明治に入って七代目のとき、宗家の貝新「新左衛門」（現本社、大字小貝須）から「貝新水谷新九郎」（現本店、有楽町四一）と「新之助貝新」（現本店、有楽町五三）が分かれ、それぞれに店を出した。現在はこれに「貝新新七」（現本店、有楽町五七）と「貝新フーズ」（現本店、南寺町四六）が加わり「貝新五社」が営業している。貝新以外にも「貝藤、貝増、貝繁、貝順、伊勢志ぐれ、瑞宝産業」などの製造業者がある。「志ぐれ蛤」は好きだが、アサリならともかく、ハマグリは値も張る。とてもすべての社の品は、試食できない。

桑名駅前の新之助貝新店

第三章　津島神社のこと

一　津島の牛頭天王社

「津島神社」の名が広く知られるようになるのは、一二世紀になってからで、七ツ寺所蔵の国宝「一切経（経典の総称）」の奥書に初めて登場する。

承安五年（一一七五）、ときの尾張権守・大中臣安長が一切経五千巻を書写させ、中島郡大里村の七ツ寺（のち清州を経て、慶長年に名古屋大須へ移転）へ奉納した。その中の「大般若経」巻末に「伊勢・白山・熊野・山王・熱田大明神」とならんで「多度・津嶋・南宮」の三社がしるされ、平安後期には大社並みに「津島社」が知られるようになった。このあと文治四年（一一八八）の『吾妻鏡』に、「津嶋社の荘官が荘園領主に収める年貢所当を横領した云々」の記事が出てくる。

津島社は中世以後「津島牛頭天王社」と呼ばれた。鎌倉時代の「灯籠」や室町時代の「鰐口」・「鐘」銘文に「津島牛頭天王」や「津島天王」の社号が見られ、江戸時代に引き継がれて、近代にいたる。

慶応四年（一八六八）三月、明治新政府は神社内にある神宮寺の僧に対して還俗を命じ、さらに神社から仏具・仏像を排除し、権現や牛頭天王社を唱える社に対し改号を命じた（神仏分離令）。その結果、津島の牛頭天王社は津島神社となり、京都の感神院祇園社は八坂神社となった（『津島市史』）。それでも地元の人々は親しみを込めて「津島のお天王さん」と呼び、それに対し「天王さんて誰のこと？」などと聞き返したりはしない。

小島廣次氏は「お天王さまは何の神か」という問いに、柳田國男の説を援用して「本来は水を掌り、雨を施す神」で「防疫の神」でもあったとする（「津島とお天王さま」）。要約すればそういうことだ。

柳田はもう一つ「夏祭りは大小の都会や海沿いの村や湊、とくに水に近い所が盛んである」とし、「水辺」をキーワードとしながら、都会的な天王信仰と村・湊のそれとの違いを指摘する（『日本の祭』）。たとえば農村では水の恵みと恐ろしさの両面を知っており、水を用いた祭祀や水神信仰がいまも見られる。しかし消費者の集まる都会では、夏の雷雨は恵みより厄災であり、水が原因の流行り病は、悪霊の衣を纏ってあらわれる。その対策は水の問題から離れ、ひたすら「霊を慰める」方向、いわゆる「御霊会」へと向かった。

津島神社東鳥居

津島は、港湾都市としての「町の性格」と周辺部の「農村の性格」を併せもち、小島氏は、この津島の両面性が「東国の農村地域に広く信仰圏をもつ」理由とされ、その裏付けとして地方別の「津島神社分社数」を表示されている。それによると地元東海の七七二社が群を抜くが、関東の二九八社・甲信越の一八七社に対し近畿はわずか四〇社に過ぎない。つまり関西の八坂神社に対し、関東の厄除け・無病息災信仰の拠点は、東海の津島だったのである。そういえば筆者の町内にも小さな津島社の祠があって、毎年町内会の役員が津島神社本宮へお札をもらいに出かけている。

二　津島神社と牛頭天王のかかわり

津島神社の縁起（はじまり）を記した「津島牛頭天王祭文」は、次のように記している。

○津島社がまつる牛頭天王は、唐土では神農皇帝として顕われ、孝霊帝のとき対馬国に来住し、欽明天皇元年（五四〇）に東海道尾張国海部郡門真庄津島の津へ到り、東国の衆生を救われた。

津島神社とかかわりの深い興禅寺（津島駅南西スグ）の秀峰が、天文九年に書写した「牛頭天王講式」にもほぼ同じ話が見られ、神農皇帝については「天下の耕作農業を始め、毒薬を分かちて、医道をはじめた天王」と説明している。

『尾張名所図会』も「大陸から対馬・津島へ」と、似たような来日のルートを記す。主語が牛頭からスサノオに変わったのは、江戸時代になって両者を同じとする考えが進んだためである。

○スサノオの和魂が韓郷から帰朝し、まず西海対馬に留まってここで年を経、その後欽明天皇の元年に、この神島に光臨し給うた。ゆえに旧名の藤波里（津島村の古名）を改め、津島と号した。

「対馬から津島へ」は、当時かなり流布した説なのであろう。語呂合わせはさて置き、九州と伊勢湾との密接な関係は、「漁法の共通点」や「古墳の石室の類似」など、強いかかわりを指摘する説がある。尾張の海人と黒潮の問題にも絡み、気になるテーマである。

牛頭天王は、もともと「インド祇園精舎の守護神」や「チベットの牛頭山の神」とされていたが、中国に伝わって「密教や道教」と合わさり、わが国に到ってさらに「陰陽道」とのかかわりを深め、

興禅寺の牛頭天王像

興禅寺本堂

「蘇民将来伝説やスサノオ神」と同一視されたため、その実体が見えにくくなった。

牛頭天王は、民衆の間で疫病をもたらす荒ぶる神、つまり疫神(えきじん)として恐れられたが、平安時代になって「非業の死をとげた者が怨霊(おんりょう)となり、疫病や飢饉をもたらすという」御霊(ごりょう)信仰が流行し、霊をなぐさめるための御霊会が行われるようになると、「疫病神は厄災から守ってくれる神」つまり「疫神を支配する行疫神(ぎょうえきしん)」へと変化した。加えて中世には「牛頭天王とスサノオ神との一体化」が広く唱えられるようになる。

『日本書紀』の「スサノオが大蛇を退治する話」の第四書に、天上から追放されたスサノオが、新羅(しらぎ)国のソシモリ(曾戸茂梨)に降り立ち、そこから埴(はに)土の舟で出雲国の簸(ひ)の川上にやってくる話が出てくる。ソシモリについては、むかしから「牛頭山」に結びつけるなど、いろいろな解釈があるが、川村湊氏は諸説のうち「曾ノ村」説がもっとも妥当だとし、「曾」は「蘇」に通じ、のちに牛頭天王と出会う「蘇民将来」は、「蘇の民を率いる将軍とも解せる」という。蘇の民とは牛飼い集団であり、古代に牛乳から蘇(チーズ)を作っていた人たちだ。稲作の国を追われたスサノオが、牧畜の国に匿われたという発想が面白いし、だれもが不思議に思っている「蘇民将来」という奇妙な名に、ひとつの解釈を与えてくれる(『牛頭天王と蘇民将来伝説』)。

ところが津島神社では、近世まで「牛頭天王とスサノオの習合」が見られなかったという。南北朝時代に成立した『神道雑々集(ざつざつしゅう)』では、「天竺の西北にいた牛頭天王が、のちに中国では神農帝(伝説上の皇帝で農耕と製薬の法を人々に教えた)として現われ、さらに孝霊天皇のとき日本の対馬に渡来し、欽明天皇元年(五四〇)に津島の居森(いもり)の丘に鎮座した」と記す(神社紀行『津島神社』)。つまり牛頭天王をスサノオ神に結びつけず、中国の神農帝に投影させて「農耕や製薬」に関わらせているのである。ようやく江戸時代にいたり、津島神社の社家であり学者でもあった真野時綱(まのときつな)(一六四八〜一七一七)が、

「牛頭天王とスサノオ神の同体」説を強く主張したため、ついに津島神社の祭神もスサノオ神にされたという。

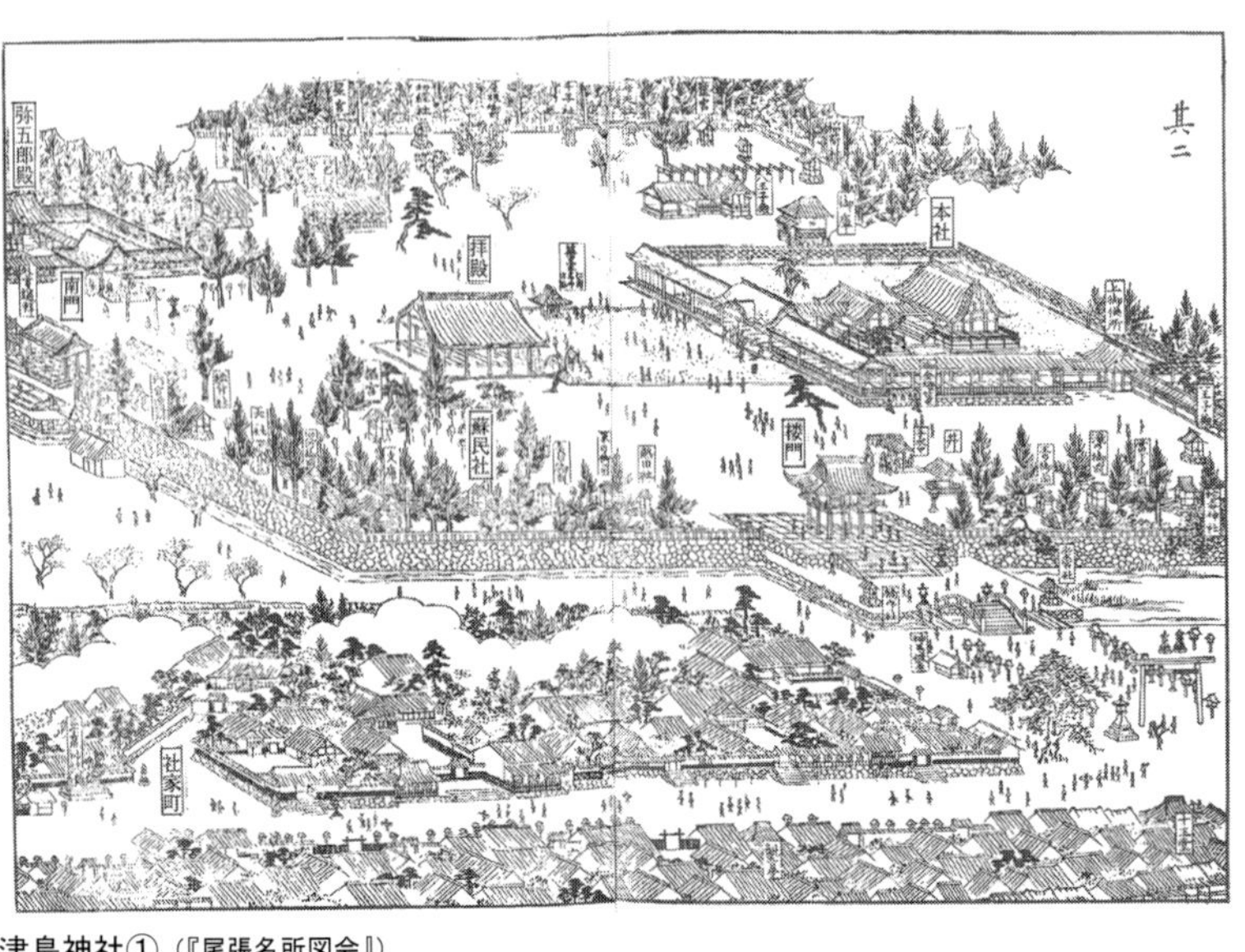

津島神社①（『尾張名所図会』）

三 『延喜式』に載らない津島神社

津島神社は『延喜式』神名帳に載らない「式外社」であり、平安末期までは文献上にも姿を見せない。織豊期以降繁栄し、近世にいたって全国的に信仰圏を拡大する津島神社（津島牛頭天王社）が、なぜ式内社ではなく、しかも平安末までは文献にすら姿を現さないのだろうか。

この疑問に対し津島神社の神官真野時綱は「津島の古名は藤島であり、神名帳に載る藤嶋神社が津島神社のこと」（『藤嶋私記』）として、「津島社の旧名藤嶋社は式内社だった」と主張するが、岡田啓は「確かな証拠もなく付会の説」（『尾張志』）と批判している。

福岡猛志氏（日本福祉大名誉教授）は、こうした諸説を紹介されながら、近年「飛鳥京跡苑池遺構」から出土した木簡に「戊寅年十二月尾張

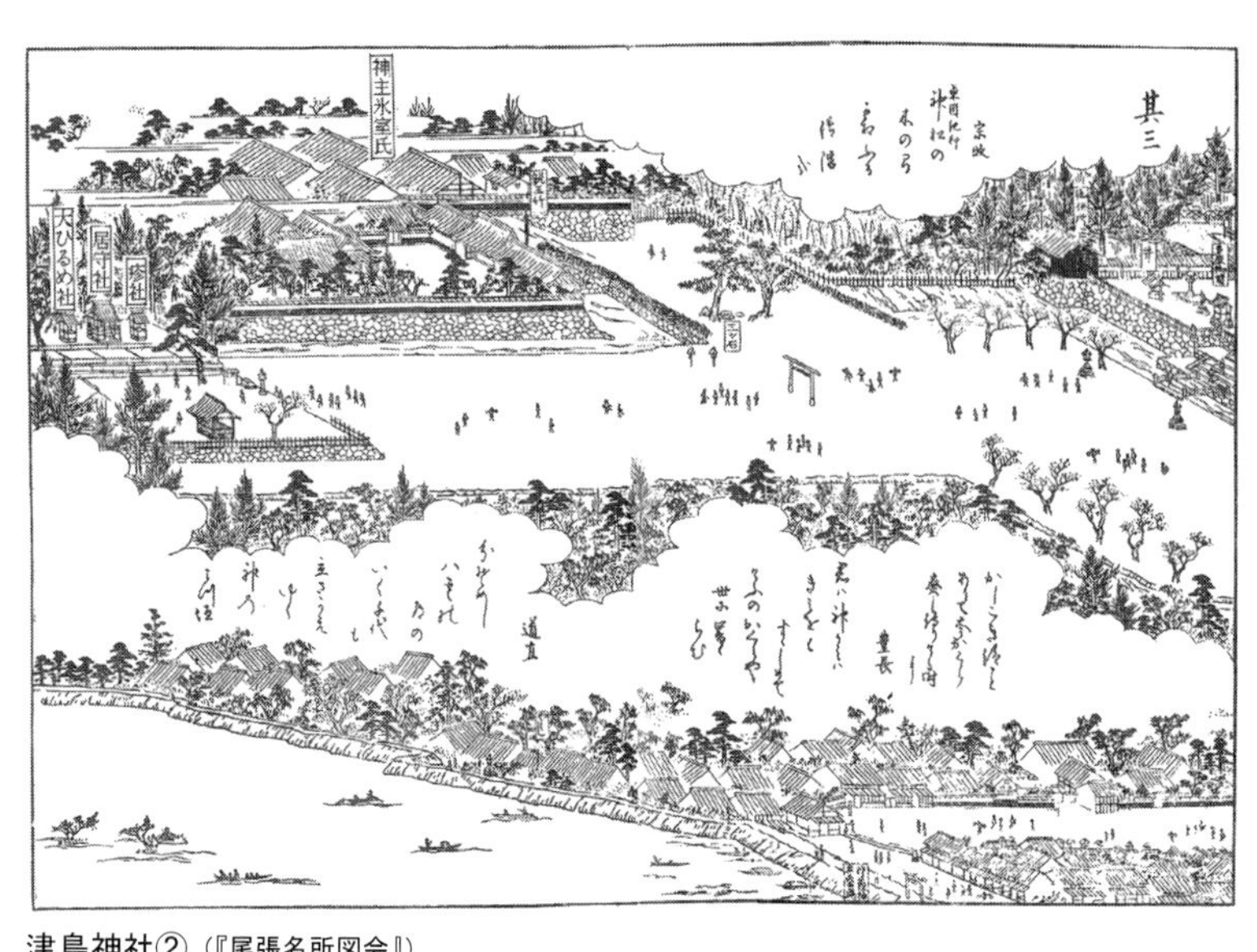

津島神社②（『尾張名所図会』）

海評津嶋五十戸」とあり、戊寅年が天武七年（六七八）であることから、「津嶋という里の名（行政地名）が、律令制確立以前から存在」していたのは確かとされた。つまり「津島の古名は藤島で、延喜式記載の藤嶋神社は津島神社のこと」とする説明は成り立たず、津島神社が式内社に比定されない問題は、依然残されたままである。

全国式内社の網羅的な調査を行い、その成果をまとめた『式内社調査報告』は、「尾張国海部郡」の八座について、次のような所在地の比定を行っている。

漆部（塗部）神社（あま市甚目寺町）、諸鍬神社（愛西市佐織町諸桑）、国玉神社（名古屋市中川区富田町）、藤嶋神社（あま市七宝町秋竹）、宇太志神社（八開村大字鵜多須）、由乃伎神社（愛西市柚木町）、伊久波神社（稲沢市平和町下三宅）、憶感神社（津島市神守町）

このうち国玉神社については、幕末の元治元年（一八六四）に藩の指示により富田にあった八釼社を国玉神社に比定したもので、「その根拠は不明である」としている。江戸時代の官撰地誌『尾張志』は「国玉神社は、今廃れて其の旧地も知る人なし」としており、また別に国玉社を津島牛頭天王社にあてる津田正生説（『尾張国地名考』）のあることを紹介している。津田は津島神社の境内にある摂社「彌五郎殿社」に注目する。

「彌五郎殿社」（県指定）は、津島神社の摂社筆頭である。いまの建物は寛文一三年（一六七三）の造営で、武内宿禰とオオナムチを祭神とするが、説明によると「武内宿禰の子孫の堀田彌五郎正泰が正平元年（一三四六）造営し、彼の名を社名にした。津島社社家の堀田彌五郎は南朝の忠臣で、楠正行に従い、正平三年四条畷で戦死した」とある。

社殿の寄進は別に珍しいことではないが、訝しいのは寄進者の名が社号として残ったことである。『尾張名所図会』などは「夢想ありて、堀田彌五郎正泰これを祀る。時の人願主の名によりて、世に彌五郎殿という由見えたり」と記し、単に願主の名が残っただけの話と素っ気ないが、あまり例のないことだろう。この不思議な社号に、引っかかりを覚える人は多かったはずだ。

津島近くに住む津田は、この社号の由来に異を唱えたのである。彼は「彌五郎の名は社の御神体である《八尋の矛》が訛ったか、あるいは擬人化によって生じたもので、社号が先に生まれ、後に社殿寄進者の名が結びついた」と説く。妥当な見解である。

境内に東面する彌五郎殿社

彌五郎殿社拝殿

また、津島神社の名が『延喜式』にない点についても、「式内社とされている海部郡国玉神社が彌五郎殿社のことで、もともと津島社社地の《地主神》であり、すでに知られた式内社であった」と述べている。とくに注目すべきは、津田正生が「津島神社の彌五郎殿の祭神はオオナムチ」で、その形代（依代）が「柊の彌廣矛」と指摘している点である。

『古事記』は、ヤマトタケルが東征の折に、父の景行天皇から賜ったのが「比比羅木の八尋矛」だったと記す（『日本書紀』では斧鉞）。八尋矛は、伊勢神宮の「神鏡」、熱田神宮の「神剣」と並ぶ神器のはずなのに、なぜか行方がわからなくなった。津田が言うように式内社「国玉神社」が津島の地主神を祀る「彌五郎殿」であり、そこに祀る神が「矛を依代とするオオナムチ（大国主の異称）」であったとするなら、津島神社のルーツこそ「鉾を祀る彌五郎殿」であり、のちに「寄進者の名」という「由来譚」を背負いながら、いまも重要視されている理由が理解できる。

祇園祭の長刀鉾といい、津島天王祭りの布鉾といい、武器としての「鉾」は祭具としても重要な役割をもつ。そういう方向に関連づける解釈なのである。また「五郎」を「御霊」の転訛とする説がわかりやすいが、どうであろうか。

四　居森の社

平安後期になって津島の「彌五郎殿社」へ、朝鮮から対馬を経由して「牛頭天王」が渡ってきた。実際には「勧請」されたのだろうが、伝承としては「船に乗って彌五郎殿社近くの居森社へたどり着いた」と伝える。『尾張名所図会』は次のような社伝を引く。

○牛頭天王がはじめて来臨して船を高津の湊に寄せたとき、蘇民の子孫の老女が鳩の託宣でそのことを知り、森の中に居え奉った。里人たちが参拝して「森に居給えり」と言うので、居森が社号となった。

津島神社の南の大鳥居をくぐると南門へつづく参道の左側に、スサノオを祀る一間社流造りの「居森社」（県指定）が鎮座する。スサノオの社殿を中にして、左側がオオヒルメを祀る「大日女社」、右側が末社の「瘖社」（スサノオの和御魂を祀る）である。『尾張志』はまた、次のように解説する。

○天王はじめて来臨したまいしとき、船を馬津の湊に寄せて森の中へ居たてまつりしゆえ、居森の社と名づけしよし、社伝にいえり。

馬津とは『延喜式』第廿八の「尾張国駅馬」に「馬津・新溝・両村各十疋」と出てくる駅のことで、津島神社北西の「松川」や「津島市街」に比定する説があるが、いずれも木曽川旧路の左岸を宛てている。放浪の牛頭天王がここへやって来て馬津の湊から上陸し、近くの森に居ついた、その場所がいま参道脇にある「居森社」というわけで、先の『尾張名所図会』と基本的に同じ話である。

古くから地主神を祀っていた津島社は、平安後期になって新

中央の居森の社と左大日女社、右瘖社

居森の社全景

しい渡来の神を迎え「津島牛頭天王社」となった。古代の津島社が、中世には津島牛頭天王社と呼ばれるようになった所以であろう。山本ひろ子氏は、津島社の創建の事蹟は不明と断ったうえで、「先住していた弥五郎殿という地主神が、牛頭天王の勧請に際し社地を譲ったと伝えられる」と述べている（『中世の神話』）。

五　津島神社を訪れる

名鉄名古屋駅から佐屋行に乗り約三〇分、津島駅で降り、駅前の天王通を西へ一キロほど歩くと、津島神社（津島市神明町一）の楼門（東門）に突き当たる。天正一九年（一五九一）の創建で、豊臣秀吉の寄進とされ重要文化財に指定されている。三間入母屋造りの檜皮葺きで、かつて神仏習合の時代には楼上に仏像が安置されていたという。南面する本殿の配置からいえば南門が正門で、この東楼門は脇門だが、神社の東側を天王川が流れていた時期は、実質的に正門の役割をしていた。いまも天王祭りでしめ縄を鉾で断ち切るのは、この門である。一方南門の方は、秀頼が父秀吉の病気平癒を祈願して寄進したとされる。伊勢湾台風で倒壊したあとの復元工事で墨書銘が発見され、慶長三年（一五九八）の造営が確かめられた。

津島神社の南鳥居からつづく参道の西側には、先に述べた来訪の神・牛頭天王（スサノオ命）を祀る一間

津島駅ホームから天王通を見る

社流造りの「居森社」（県指定）があり、そこを過ぎると南門である。南門を入った右手には摂社が並ぶ。その一つに「和御魂社」がある。かたわらの説明板に「もとの名は蘇民将来を祀る蘇民社で、姥が森（旧、佐織町の町方新田）に鎮座していたのを此処へ移した。この社にかかわる祭事は正月四日の茅の輪くぐり」とある。『尾張名所図会』は姥が森を次のように説明する。

〇大宮（津島神社）の北にあり。自然石を祭りて姥ヶ社と称す。むかし此の所に岩窟あり。蘇民の神裔（子孫）その中に住す。いまは岩窟なしといえども、里俗ここを指して姥が懐と伝え言う。スサノオ命来臨のとき、此の所にて老嫗神託を蒙りしゆえ、今の社を建つといえり。

姥が森の旧跡である「姥が森神社」（現、愛西市町方）を地図で確かめると、津島市と愛西市の市境付近に記されている。名鉄津島線で津島まで行き、同じホームで尾西線に乗り継ぎ一つ目の町方駅で降りる。駅から真西に一キロほど歩いた左側に見える小さな茂みが「姥が森」神社で、ほんの小さな境内に小社を祀っており、いま訪れる人はほとんどいない。

和御魂社の反対側にもう一つの著名な摂社彌五郎殿があり、これを左に見て、まっすぐ本殿に向かう。

津島神社南門

津島神社楼門（東門）

本殿は三間社流造り、檜皮葺き。慶長一〇年（一六〇五）、徳川家康の四男で当時清洲城主だった松平忠吉の妻の政子が、夫の健康を祈願して寄進したもの。以後も歴代尾張藩主が修理を重ねている。国の重要文化財。この本殿は釣殿、祭文殿、拝殿とすべて廻廊でつながっており、「尾張造り」という独特の形式である。

津島神社南大鳥居

津島神社本殿

姥が森神社

六　御葭神事

御葭（みよし）（神葭（みよし））流しの神事は、津島神社の最も重要な秘祭であり、津島牛頭信仰の核心部分にあたる。天王祭り（旧暦六月一四日・一五日／現在は七月第四土・日曜日）は、提灯を飾った巻藁舟（まきわらぶね）の出る「宵祭」と、豪華な車楽舟（だしぶね）の「朝祭」、そしてその夜に「御葭流しの神事」が行われるが、一般の人が見るのは朝祭までで、御葭流しは見てはならないとされる。

江戸時代に泊まりがけで祭り見物をした尾張藩士朝日文左衛門も、朝祭の片付けを見て帰宅している。名古屋城下から津島までの往復と宵祭・朝祭については、このあと文左衛門の『鸚鵡籠中記』をたどりながら詳しく見て行くが、御葭流しについてはさすがに文左衛門も記していない。そこで以下、文献を参考にしながらまず「神事の概略」を記しておく。

朝祭が終わった日の深夜、午前一時頃（実際には翌日になる）神事は行われる。本殿の内陣に一年間奉斎されていた旧い「真の御葭」が新しい「真の御葭」に取り替えられ、旧い御葭は外陣に飾られていた御葭とともに搬出して、お旅所下（今は天王池北の土手）に着けた二艘の赤船に乗せられる。並んだ二艘の赤船の舳先に渡した青竹の上に、御葭を井桁の形に組み、その上に旧い「真の御葭」を立て、その上部に御幣をとり付け、その下に白扇をくくりつけ、船を出して天王川の中程にいたり、そっと川面に流す。

翌日この御葭が着岸した地点には「しめ縄」が張られ、七日間着岸地の町内によって祀られ、八日目、九日目に宮司たち神官が船で着岸地に赴き、船上で神楽が奉納される。そして御葭は二か月半後に天王川の小島「神葭島」に納められて、これですべての神事が終了する。

神事ゆえに細かな次第が定められ、決して見てはならないとされている。要するに朝祭が行われた日は「皆さ

御葭船（『張州雑志』巻七十三）名古屋市蓬左文庫蔵

ん早く寝なさい」ということなのだが、棒に御幣と鈴を着けた神官が、神事を行う前にわざわざ町中を巡回している。起きている家にはキュウリが投げ込まれ、不幸が来るという伝えもあるという。そういう厳めしい装い(よそお)を取り除けば、「内陣に奉斎された葭(よし)には参詣人の疫や汚れが宿っており、それを川に流して新しい葭に取り替える」という「神事の骨格」だけが残る。

仮に真の御葭が牛頭天王の依代とするなら、神事の際に組まれた「葭の束」は、津島の神官真野時綱が言うように「牛頭天王の八万四千余の属神の数を表す」(『藤島私記』)ものであり、それぞれに疫を背負って流れていくのである。

江戸時代に御葭(みよし)流しをしている神社は、津島神社のほかに須成(すなり)の富吉天王(海部郡蟹江町富吉建速神社)や天王崎神社(名古屋市中区洲崎神社)、戸部(とべ)の蛇毒神天王(名古屋市南区富部神社)があり、熱田の南新宮社(みなみしんぐうしゃ)も川ではないが池に浮かべるという(名古屋市博『尾張の天王信仰』)。流し雛も厄流しという点では同じで、各地に見られそうな素朴な神事である。津島神社の信仰の原形が、そうしたごく素朴な信仰形態だったとするなら、「宵祭り、朝祭り」といった華麗な装いを纏うまでには、おそらく膨大なエネルギーが費やされたことであろう。

七　朝日文左衛門の津島参詣

つぎに朝日文左衛門の津島参詣を見ておきたい。『鸚鵡籠中記』を読むと、元禄四年から一〇年までは、毎年一回必ず参詣しているようだ。

元禄四年(一六九一)九月一三日の記事が初見で、以後元禄五年の九月二六日、元禄六年九月二五日、

元禄七年閏五月二一日、元禄八年九月二六日、同一〇月六日、元禄九年（一六九六）十月六日、元禄十年三月十日まで、たしかに毎年出かけている。

元禄期の参詣記事はいずれも簡単なもので、同行者名と途中に立ち寄った甚目寺の様子、茶店で食った美味いものぐらいしか記していない。それに比べ最後に記される正徳年の津島行は、泊をともなう祭り見物で、宵祭り、朝祭りとも見物している。津島までの行程は元禄期の記事を参考にし、祭りの内容は正徳の津島行からその詳細を見ることにする。

□元禄四年九月一三日

○予、伯父武兵衛と同名太郎兵衛と愚母と津島へ行く。甚目寺本堂の下、三重塔の下みな石垣になる。この夜帰りて休む所に重雲乾方より覆い、東風蕭颯として強雨大いに降り落ちて轟き、

檻外雷声揮撃、風騒ぎ水漲て……。

この年の九月一三日は、新暦では一一月二日になる。同行の一人は伯父の渡辺武兵衛で、のちに朝日家の屋敷内に同居するほど親しい間柄。もう一人の太郎兵衛は、朝日家の一族で父の兄重高の子、つまり従兄にあたる。これに母が加わった四人連れで津島神社へ参詣に出かけた。

自宅前の主税筋をまっすぐ三の丸外堀（いまの県政資料館）まで進み、南に外堀を回り込んで、そのまま堀沿いを西へ向かい、堀川にぶつかって北上し、巾下からは美濃路をまっすぐ押切、東枇杷島と進んで、枇杷島橋から下小田井、土器野（かわらけの）に至る。その先で美濃路と分かれ、真西に延びる津島街道を上萱津、甚目寺、木田、青塚、勝幡と進み、勝幡から領内川の堤防道を津島へ下る。

このルートはほぼ旧道が生きていて今も辿ることができる。とくに西枇杷島から土器野に至る町並みや、領内川の堤防道はわずかながら往時を偲ばせてくれる。途中に寄った甚目寺については、あとのコラムで詳しく解説する。

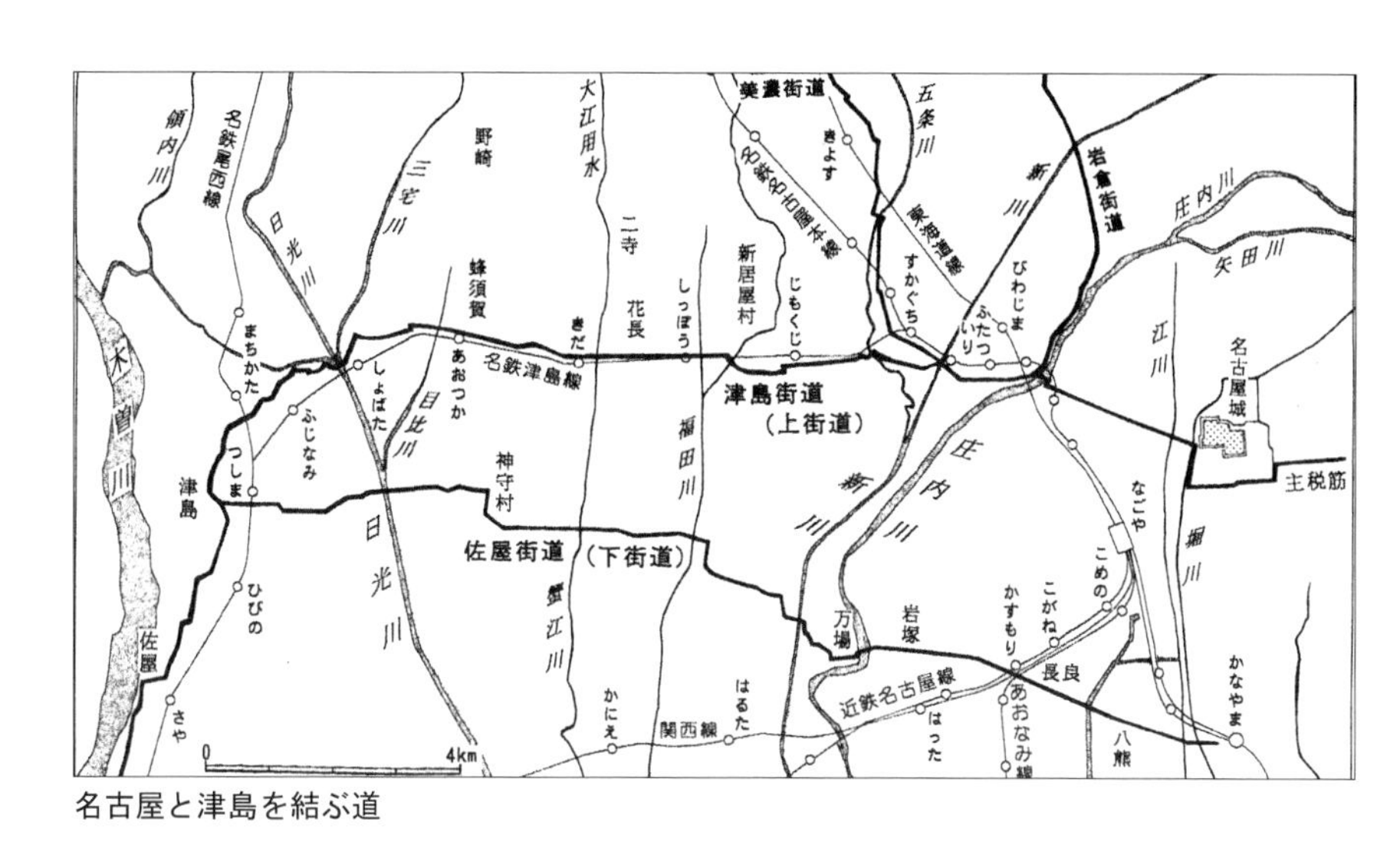

名古屋と津島を結ぶ道

名古屋から津島へ行く道を「津島街道」というが、少し紛らわしいので解説を加えておく。

明治二六年の地形図では、文左衛門が通った甚目寺経由の道を「上街道」としるし、ずっと南の尾頭橋（おとうばし）から長良（ながら）、烏森（かすもり）、岩塚を経（へ）、万場（まんば）、神守（かもり）、椿市（つばきいち）、諸桑（もろくわ）経由で愛宕（あたご）、日置（ひき）から佐屋にいたるいわゆる「佐屋街道」のことを「津島街道」としている。

しかし公文書などでは、熱田の宮宿から佐屋宿にいたる東海道の脇往還は「佐屋街道」であり、ときに「下街道」（しも）とも呼ぶ。熱田（名古屋）と津島（佐屋）を結ぶ道は、すべて「津島街道」には違いないが、区別をつけるため北の道（甚目寺・勝幡経由）を「津島上（かみ）街道」と呼び、それより三キロ南を併走する南の道（岩塚・神守経由）を「津島下（しも）街道」と呼んだ。その後湊の機能が津島から佐屋に移るにつれ、北を「津島街道」、南は新たに「佐屋街道」と呼ぶようになったのだろう。ちなみに『尾張徇行記』はこの使い方をしている。

街道の呼び名は、地域や時代によって変化し、一概にどれが正しいとは言えない。

ただ「上（かみ）街道」と「下（しも）街道」の対比は、別に名古屋御城下から中山道につながる小牧経由の木曽街道（本街道）を「上街道」、南の庄内川沿いに大井宿に至る道を「下街道」と呼んでおり、紛れを避けるため、ここでは『尾張徇行記』が採る「津島街道」「佐屋街道」の表記にしたがって、津島参詣の話を進める。

□元禄五年九月廿六日

○寅七点、津嶋天王へ母と予と参詣す。曇る。亭午より細雨。ゆえに余、籜（たけのかわ）にて物したる笠をかぶり、黄昏に帰宅す。

寅の刻はいまの四時で、九点に割った七点だから五時に近い。しかし江戸時代の不定時法で言えば、九月の寅七点は四時ころになる。いずれにせよ母のお供のせいか出発は早かった。お昼から細かい雨が降りはじめたので笠を被った。「籜」はまずお目にかからない漢字だが、タケあるいはタケノコの皮を指し、籜笠は「タケノコの皮で作った笠」とある。文左衛門は用意した笠を被り、母は駕籠を雇ったのだろう。

□元禄六年九月廿五日

○曇り、時々少雨。名古屋にては雨束篠。

○余、津島へ参る。それより野崎へ行く。殊の外くたびれ、神谷弾之右衛門の百姓のところにて支度し、良須臾休息し臥す。汁（大こん・すばしり）、鱠、ふな、煮物（牛蒡・いも・大こん）、二之汁（ふな・牛蒡）、鯽焼浸し。食し終り塩湯にて足を揉みけれども、歩行難儀す。馬に乗り、甚目寺を十町斗にして、それより歩み帰る。道途、殊の外悪し。今日の人数渡辺弾七・同武兵衛・神谷弾之右衛門・相原久兵衛・同政之右衛門・平岩五右衛門・加藤紋三郎・坂井十左衛門・大岡文左衛門・赤堀次郎兵衛・若林元右衛門・都筑助六、親。

元禄六年の九月二五日は、新暦の一〇月二四日になる。降ったり止んだりの一日だったが、名古屋ではときに「篠を束ねるはげしい雨」が降った。「それより野崎へ行く」とあり、津島の帰りに城代組同心たちの知行地がある野崎村（のさきむら）へ寄ったらしい。野崎村は日光川の支流三宅川の左岸、目比（むくい）川の水源近くにあたる。津島街道の青塚から真北へ直線で二キロ半あり、往復およそ六キロ程の寄り道になる。

『尾張国地名考』は「野崎」の語源を「沼崎（ぬさき）」としている。明治の地形図を見ると、野崎集落の南一キロのところに目比（むくい）集落があり、目比から時計回りに今村、西溝口、野崎、福嶋、北麻積、南麻積の小集落がほぼ円を描いて並び、その内側はすべて水田になっている。地名考は「水田はむかしの目比沼の跡で、目比は藻咋（もくい）の意、藻咋は水鳥の総称」としている。その沼地に北から突き出た地が「沼崎」というわけだ。明治の地形図に当てはめても、よく合っているし、目比川の水源が沼であったことも理解できる。

加えて地名考は、「水田の中に笠取と呼ぶ箇所があるが、むかしは泥が深いので青竹を渡し、皆その上に乗って田植えをしていたが、踏み外す者がいると体が沈んでしまい笠だけが浮かぶ、そこで笠取の名が生じた。それほど深い田で、享保の頃から次第に浅くなってきた」という伝承を記している。文左衛門が検見（けみ）に訪れていた頃は、ようやく浅くなってくる頃か。

『徇行記』によると野崎村は高一〇〇〇石余、うち九九三石が藩士二七人の給知とある。朝日家もこの野崎村と佐屋街道沿いの長良村に、合わせて一〇〇石の知行地があった。ただし朝日家当主は父の定右衛門であり、文左衛門はこの四月に結婚したばかりで、家督相続は翌年になる。

『徇行記』は知行地になっている二七藩士の名を挙げるが、文政年（一九世紀前半）成立の書であり、すでに朝日家は絶えている。この津島詣には一三人が同行したが、そのうち神谷、相原、平岩、加藤、坂井、赤堀、若林、都筑の八家は文政年も給知が続いている。村の規模は寛文年（一六六一～七三）

頃の戸口「四六戸・二二八人」、文政年（一八一八～三〇）で「六八戸・二五二人」とある。これらから推して、元禄頃の村勢は、五〇戸余に人口二三〇人といった程度であろう。

津島行が「天王まつり」目当ての六月半ばではなく九月が多いのは、現在一〇月のはじめに行われる秋祭りの見物を兼ね、途中の野崎村で、収穫間近な田を検見することがあったようだ。

□元禄七年閏五月廿一日

○晴天。今日ゟ山口方ゟ御目見に出る筈といえども、昨日の言い渡しゆえに出ず。

○予、猪谷忠四郎・粕谷重助と同道し、津嶋へ参詣す。日の入り少し前に帰る。津嶋茶屋にて休息し、鱣を買い此方より持参の味噌にて、こくしょうにし給う。甘味舌喉に充つ。殊の外くたびれ、夜少し寒気もあり。

この年の閏五月廿一日は、新暦の七月一五日にあたる。家督相続のため「藩主お目見え」に精を出していた真っ最中だが、昨日のお達しで「山口（大曽根）下屋敷のお目見は控えよ」とあったため、急に予定が空き、津島参詣へ出かけることになった。

同道の猪谷（いがや）忠四郎は、父の忠蔵ともども剣術で知られる有名な藩士で、朝日家とは親しい。二年前の日記に「猪飼（ママ）忠四郎に居物（すえもの）及び俰（やわら）の弟子に成る。未の下尅（午後二時半頃）に行き、誓紙両通をす」（元禄五年十月十四日）とあり、猪谷父子から居物と俰の指南を受けていた。もう一人の粕谷重助は不詳だが、あるいは猪谷家の内弟子かもしれない。出かけた時刻や途中の話はいっさい省かれていて、日の入り（七時）少し前に帰ったことと、唯一茶店で作らせた「こくしょう」のことしか記していない。

津島の茶屋で作らせた濃漿（こくしょう）は、肉や魚を煮込んだ濃い味噌汁のことで、鯉の濃漿は「鯉濃（こいこく）」の名でよく知られている。しかし具の「鱣（せん）」というのがはっきりしない。辞書には「ウナギ」あるいは

「たウナギ」とある。「たウナギ（田鰻）」は「唐うなぎ」から来ているようで、東南アジアに分布し、日本のそれは移入されたものという。ウナギに似るが胸・腹びれがなく、カワヘビとも呼ばれる。文左衛門が普通のウナギにこの文字を当てたのか、田鰻を意識して用いた文字なのかわからない。芥子川律治氏は、単に「ウナギのこくしょう」として扱われ、田鰻のことには触れられていない（「元禄名古屋の料理雑話二」『郷土研究』28）。

わざわざ味噌を持参したとあるから、茶店で濃漿を作らせるのは、予定の行動だったのだろう。昔から津島の川魚料理は知られていて、案内書にも「津島参詣の人々は、鯰の蒲焼を楽しみにしていた」とある。ためしに勝幡のうなぎ屋でナマズの蒲焼を食べてみたが、やや淡泊ながら、結構美味かった。津島駅前に魚光という小さな川魚の店があり、軒下に縁台を出してパックに入れたモロコ煮を並べていた。もの珍しさで買って帰ったが、何とも美味かったので、それから四度ほど名鉄電車で買いに通った。店の人が「これは佃煮ではない、モロコ煮だ」と強調していたのを覚えている。小魚のくせに案外高いのは、最近モロコが取れなくなったせいだろう。これを押し寿司にした「モロコ寿司」は、天王祭りに欠かせないご馳走である。

日記の最後に「甘味舌喉に充つ」と記したあと、「殊の外くたびれ」とつづけているが、名古屋から津島まで五里（約二〇キロ）の道のりで（札の辻起点）、一キロを一五分なら一里は一時間、休憩をいれて片道五時間余、津島に三時間ほど遊んで日の入り前に帰るためには、朝六時には出かけなければならない。往復四〇キロ歩けば、草臥れるのも当然である。

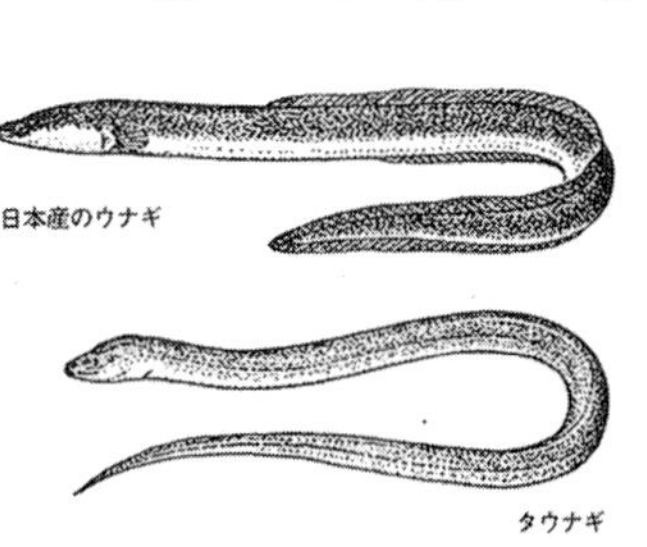

ウナギとタウナギ
（『魚貝ものしり事典』平凡社 2003年）

八　「津嶋社」神職の揉めごと

同じ元禄七年の日記に、津島の神職について次のような記事が書かれている。

○九月十五日　津嶋社神主正六位上兵部大丞菅原久治、神職の召放ち。

正式名の「津嶋牛頭天王社」が長すぎるため、日記はすべて「津嶋社」で通している。この津嶋社神主の菅原久治が神職から追放されたという。穏やかでない話だ。

津嶋社の神職は、神主一名、神官五名、神楽方七名、神子方五名などからなり、神主は古来より氷室家が務めていて、明治までつづいた。『津島町史』は「氷室氏の姓は、もと紀氏であった」とし、次のような氷室家系図をかかげている。

【氷室氏系図】（要約）

○紀国範―範基（国範男、氷室を称す）……（一〇代略）……長吉右近（寛永一四年より万治元年在職）―

※右近妻は横井時安娘、時安父は時泰、／時庸十郎左衛門父は時信、時信父は時有、時有父は時久、時久は時泰の弟。

―長徳（養子、実は石黒勘右衛門二男、万治元年より延宝元年迄）―良長（養子、実は吉見宮内二男、延宝二年より元禄七年迄）―長命（神官堀田右馬太夫同姓ゆえ神主職相続、元禄七年より宝永六年迄）―長満（長命弟、長命実子なく右馬太夫家より相続、宝永六年より享保一三年まで在職）

このうちの氷室良長を見ると「実は吉見宮内の二男で元禄七年まで神主を務めた」とあり、この跡を神官の筆頭「堀田右馬太夫」の弟長命が継いでいる。堀田家も元の姓が「紀氏」なので、「同姓ゆえに神主職相続」としているのだろう。系図だけでは円満な継承にみえるが、日記はその舞台裏をつぎのように暴露している。

○九月廿日　津嶋公事落着。今度御朱印什物など御改めにつき、津嶋の浮屠（僧）実相院という隠居坊主有りて、御朱印一つ持ちしが、是を取次の氷室兵部に頼む。然るに此の御朱印、故有て先年も出さずゆえ、氷室兵部取次がず。彼の坊主なお屈せず。ここに於いて実相院訴状を御目付に捧ぐ。兵部此の返答書をして理非分明なり。日比兵部が業作を一々述ぶ。而して御僉議の上にて実相院は五ヶ国御追放。兵部儀は日ごろ奢侈肆行我儘なること多し。第一、海津伝右衛門という軍者を吾家老にして、先年社家にいたす（今は野々村長太夫と云う）。津嶋の社家は吟味殊に強く、侍の外は仕らず。然れども兵部権威にまかせこれを仕る。かくの如き段御耳に達し、津嶋一国を去りて他に蟄居仕るべき旨仰せ出ださる。諸道具は下さるといえども、氷室義橋金など借金あり。これを償せんために皆押えらる。借金二百五十八両あり。兄吉見宮内暫時遠慮し引き込む。（巻末を見合わすべし）

訴訟（公事）決着の経緯を説明する記事である。訴えられていたのは津嶋社神主の氷室兵部であり、先の追放記事にあった菅原久治のことである。彼は延宝二年（一六七四）に名古屋の東照宮神官吉見家から養子として氷室家に入り、神主職を継いだ。

氷室兵部（菅原久治）の父吉見宮内は著名な学者で、名古屋に来る前は伊勢に居住し「菅原直勝」と名乗っていた。寛永四年、藩主義直公の招きで来名した時、公と同じ「直」の字を避けて幸勝とし、やがて東照宮の祭祀をつかさどるようになり、家禄一五〇石を賜った。寛文二年（一六六二）には正五位下宮内大輔に任じ、姓を吉見に改めた（延宝四年に六二歳で没）。

その跡を長男の恒幸が継ぎ、正四位下民部大輔に任じられた（元禄一〇年に五七歳で没）。その弟が津嶋社氷室家の養子として神主職を継いだのである。ついでながら、元禄九年に恒幸の跡を継いだのが「神道五部書」偽書説を唱えた有名な吉見幸和で（「五部書説辨」）、正五位下・左京大夫に任じられ、朝日文左衛門とは親しい間柄である。文左衛門の父重村も幸勝・恒幸父子から教えを受けており、朝日家の神学・国学的教養の何割かは、吉見家から授けられたものだ。

先の日記の内容に戻る。要約すると次のような内容になる。

○今度、御朱印のある土地文書や什物類の調査があり、津嶋社神宮寺の実相院の隠居坊主から、土地の御朱印状一通の提出を氷室兵部が頼まれた。しかしこの御朱印はいわくつきの代物で、先年も提出されていない。それゆえ、氷室兵部は寺社奉行に取り次がなかった。怒った実相院は訴状を御目付に提出し、御目付から問合せがあった。兵部はすぐに返答書を提出し、誰が見ても理非は分明と思っていたら、坊主は屈せず、日頃の兵部の所業を逐一陳述した。そこで僉議が行われ、訴人の実相院は五ヶ国御追放となったが、兵部もまた日頃から贅沢や勝手気ままな振舞いの多いことがわかった。たとえば海津伝右衛門という民間の軍者を家老にして、先年は社家にまで取り立てた。津嶋の社家は元来家柄の吟味が厳しく侍の外は任用されないのを、兵部は勝手に任じている。この話が殿の御耳に達したらしく、「津嶋を去って蟄居せよ」との命令が下された。諸道具は下さることになったが、義橋金などの借金があり、これをつぐなうため道具が皆差押えられた。借金が全部で二五八両あるという。この結果、兄の吉見宮内もしばらく遠慮を強いられ、屋敷に引き込もった。

つまり訴えた側も訴えられた側も国外追放になったわけで、一見「痛み分け」のように思えるが、同年巻末の記事を参照すると、その裏側にたくらみのあったことがわかる。

○（巻末補遺）津嶋神主のこと、堀田左兵衛（津嶋祢宜）妻は渡辺監物が姉なり。故に監物と甚だ親し。

内々神主が悪事これある事を私に談し、また社僧実相院と神主と隙あるを見て、目安を出させ、たとい実相院御国に住居叶わずとも、一代は見つくべきよし左兵衛申して内談を極め、寺社奉行へ訴えしに、横井十郎左衛門は氷室と親類ゆえ、何かといいて取りあわざりしかば、実相院また左兵衛に内談し、監物に内証申して御目付へ訴状出させけるゆえ、すなわち年寄衆へ出す。監物寺社奉行を呼び、かようの口事（公事）訴訟等何とて取次ぎ申さず候や、ときめらる。これより様々両方僉議これあり。実相院申しわけ悪しく、十郎左衛門心のうち甚だ憤るといえども、兵部を引くようにあれば悪しきゆえ、かくの如し。氷室跡をやがて左兵衛取りて神主となり、宝永元年に正六位上兵部大丞に任ず。

津嶋社の神主は氷室家だが、この下に神官の五家がいる。その筆頭が堀田右馬太夫家で、先祖は応永年間（一四〇〇年前後）の之定にさかのぼり、氷室と同じ「紀姓」である。主家が神主、傍系が神官の関係である。つづく第二は河村牛之太夫、第三は堀田番頭太夫、第四は真野門之太夫、第五が服部源八太夫である。元禄・正徳期に活躍した神官学者の真野時綱は、第四の家柄から出ている。

神官筆頭の堀田右馬太夫家の当主を左兵衛といい、妻は尾張藩の老中渡辺監物顕綱の姉であった。左兵衛はこの渡辺監物と仲が良く、日頃から神主氷室兵部の所業には批判的であった。そこで氷室家と対立していた神宮寺社僧の実相院を利用し、藩へ訴状を出させた。たとえ実相院が負けて国外追放になっても、せいぜい一代限りで復帰できると実相院を納得させ、寺社奉行に訴状を出させた。しかし、ときの寺社奉行横井十郎左衛門は、氷室家と親類だったので、言を左右にして取り合わない。そこで実相院は左兵衛に相談し、監物に内々の了解をとりつけた上、藩の御目付へ訴状を出した。御目付は、これを上司の年寄（老中）衆へ上げる。昨年から老中となっていた渡辺監物は、直ぐに寺社奉行の横井を呼び、「このような重要な訴訟を、なぜ取次がないのか」と叱責し、それから双方の僉議が始まった。実相院の申し立てはまったくの無理筋で、横井十郎左衛門は内心腸(はらわた)が煮えくり返る思いであったが、親戚の氷室兵部を贔屓(ひいき)すると見られるのが嫌で控えたため、氷室は「津嶋を去って蟄居」の処分になった。やがて神主職を神官の堀田左兵衛が継ぎ、宝永元年には正六位上・兵部大丞に任じられた。

以上が「良長（養子、実は吉見宮内二男、元禄七年迄）―長命（堀田右馬太夫同姓ゆえ神主職相続、元禄七年より宝永六年迄）」の裏側の話で、日記が記すように元禄七年の出来事である。朝日文左衛門がくわしく内情を知りえたのは、吉見家と親しい関係にあったからで、筆致も、どちらかといえば吉見家贔屓(びいき)である。

渡辺監物

老中渡辺監物の曽祖父は、「槍の半蔵」として知られる渡辺守綱(もりつな)（法名・守綱院心空道喜）であり、さらにさかのぼれば、平安のむかし鬼の腕を切り落とした渡辺綱(つな)（嵯峨源氏子孫）にいたる。禄高一四〇〇〇石、別格の両家年寄（成瀬・竹腰家）に次ぐ万石以上の年寄（家老）で、足軽一〇〇人と同心三〇騎を預かる大身である。足軽たちが住んだ「百人町」は、今も名古屋市東区の町名として残る。渡辺守綱の死後、子の重綱(しげつな)は領地の西加茂(にしかも)郡高橋村寺部(てらべ)（現、豊田市寺部町二丁目）に葬って一宇を建て（横山の御堂）、孫の治綱(はるつな)は伏見城から堂を移し「渡辺山守綱寺(とべさんしゅこうじ)」として整備、その通所(かよいじょ)として名古屋矢場町（現、栄三丁目の白川公園東隣）に守綱寺（真宗大谷派）を建てた。

守綱の嫡流にあたる重綱、治綱はいずれも老中職に就いたが、四世の宣綱(のりつな)は老中職の記録がなく（「花守夢物語」に手厳しい人物評あり）、元禄二年、子に恵まれないまま四五歳で没し、叔父長綱の子定綱(さだつな)が養子として五世を継いだ。この定綱が老中御用見習に就くのは元禄一〇年のことで、ちょうど元禄二年から九年までの間、嫡流家の老中就任空白期にあたる。

日記に登場する渡辺監物が、この空白期を埋めている。彼は二世重綱の弟盛綱を祖父とする傍系で、父奉綱は「江戸で喧嘩して退隠、寺部で月俸三百人扶持を賜った」とある。父の没後、監物は一五〇〇石をもらって御用人に取立てられ、元禄元年に綱誠付きとなって二〇〇〇石、同六年に四〇〇〇石で老中となり、同心一二騎を賜っている。九年に職を辞め寄合入りし二〇〇〇石を減じられたが、傍系から老中になったわけで、一見有能な士にも思われる。しかしそうとも言い切れないのは、嫡流家が空白期だったことに加え、監物自身についてあまりよい噂を聞かないからだ。

【渡辺家系図】

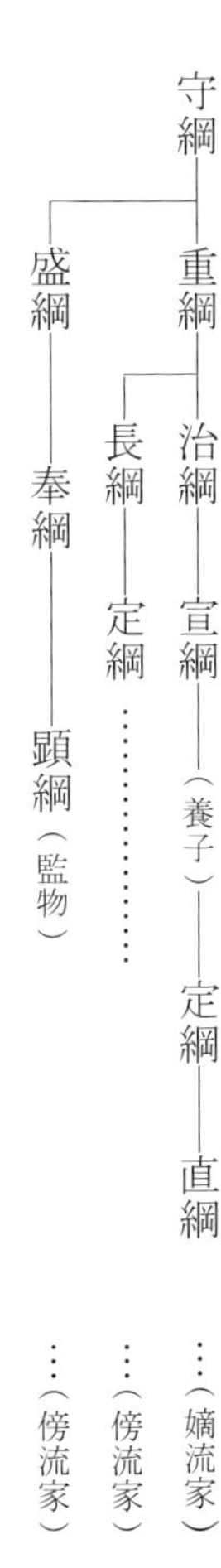

『日記』には、監物の人事にかかわる記事が三か所にある。

○元禄六年四月二七日　渡辺監物、同心十二騎、二千石の御加増御老中都合四千石。
○元禄九年六月二四日　渡辺監物、病気と号して引込む。
○　同年　七月三〇日　頃日渡辺監物二千石と成し、大寄合に成る。監物屋敷へ寺西図書行く。

監物の老中在職はわずかに三年で、その間の元禄七年九月に先の津嶋社の訴訟記事が入る。さらに大寄合入りした翌年、有名な女性スキャンダルが巷のうわさになった。

○元禄一〇年四月二一日　頃日（七日夜）熱田天王社（南新宮）前之鴨脚の木の下に木偶人を委つ。甚美なる一女像也。縮緬赤白衣を以て之を粧う。大釘を以て遍身を貫く。此の後渡辺監物の妻胎前にて死す。皆云う。監物初め愛する所の妾、之を呪詛せり。此の偶人則ち妾が為せる所なり。後に妾を捕えて獄に附す。（八寸釘七本身に打てり）

熱田神宮は江戸時代「熱田社」と呼ばれていた。その境内摂社「南新宮社」前の銀杏の木の下に美しい装いを施した人形が捨てられ、体に大釘八本が打ち付けられていた。ほどなく渡辺監物の妻が臨月を前にして亡くなった。以前の妾の呪詛が原因とのうわさで妾は獄舎に入った。噂話には違いないが、獄舎入りが本当なら、こうした関係があったのだろう。それから六年後、渡辺監物は家督をゆずった。

○元禄一六年八月二八日　御屋形へ渡辺半十郎新左エ門子を召す。渡辺監物願いの通り隠居、家督千五百石子に下さる。

『士林泝洄』には、「監物は隠居後の名を善左衛門に改め、家督は子の半九郎当綱へ譲られた」とあり、『日記』の記述とは異なる。日記では「一族の渡辺新左衛門の子半十郎を養子にして、家督を継がせた」ように取れる。どちらが正しいか、まだ確かめていない。

横井十郎左衛門

一方、渡辺家と訴訟を巡って対立した寺社奉行の横井十郎左衛門も、なかなかの名家の出である。

家譜によると、祖先の相模次郎時行は新田義貞とともに鎌倉を滅ぼし、のち伊豆に住んだとある。その時行が熱田

熱田の神宮摂社・南新宮社

大宮司の女と密通して生まれたのが時満で、彼は姓を変え海東郡の蟹江に住んだ。時満の五男時任は愛知郡横江村（のち横井村）に住み、子孫は横井と改姓して赤目城（現、八開村）を築き、信長の幕下に属した。その後慶長年間に城主の子供たちはそれぞれ家康に属し、長男時康は五八〇〇石を、四男時朝は一二〇〇石を、五男時久は一九〇〇石を給され、子孫はそれぞれ尾張藩士となった。祖先時行の「大宮司の女と密通」は穏やかでない表現だが、系図にそう書いてある。各家から提出された家譜に、堂々とそう書いてあったのだろう。面白い一族である。

『日記』に登場する寺社奉行横井十郎左衛門は、時久から三代目の子孫にあたる。訴訟事件から六年後の元禄一三年の暮に四一歳で隠居し、天遊と号した。家督は総領の作之進が一〇〇〇石、次子亀三郎が三〇〇石を継いだ。

文左衛門は『日記』に隠居記事を記したあと、つづけて「十郎左衛門噂いろいろ有り。実は但馬様をお供申し、恵恩院・天王坊・長久寺等へ岩田八左衛門等と行き、大酒取り乱し、やくたいなし」と記している。但馬様とは但馬守友著（延宝六～享保一二）のことで、二代藩主光友の十男に生まれ、尾張藩分家の「川田久保家」初代となった人物。川田久保とは聞かない名だが、いまの東京都新宿区河田町にある東京女子医大北側の旧地名で、当時は本庄因幡守の扣邸（川田窪邸）があった。ここから五〇〇メートル離れた尾張宗家の敷地内に仮寓していた友著は、自分の屋敷地と交換して宝永三年に此処へて移った。そのことから付いた家名である。

この友著のお供をして横井十郎左衛門と一緒に出掛けた岩田八左衛門も、なぜか同じ日に隠居している。その事と日記の「大酒取り乱し、益体なし（しまりがない）」を結びつけると、「酒席の失敗のため二人とも揃って隠居した」とも受け取れるが、もともと酒の席の出来事にはおおらかな尾張藩のこと、別な理由も考えられる。

横井は、但馬の父光友公のもとで側近として御書院番頭（ばんがしら）や御用人を務め、岩田も横井より五年前に御書院番頭を務めている。書院番は主君の近辺を守護し、進物、使者、賓客の接待などを行うかつての小姓組の仕事で、その頭（かしら）は秘書課長といったところだろう。むかし二人が近侍した光友公は、二か月前の一〇月一六日に大曽根御屋敷（今の徳川園）で亡くなった（七六歳）。歴代藩主の中でも一、二を争う名君であり、その法要は延々とつづき、但馬守はいったん江戸へ帰邸したのち、師走になって再び「七七法会」のため名古屋入りしている。

すべての法要に一区切りついた年の暮れ、寺社奉行の横井が岩田を誘い、但馬守のお供のかたちをとって、三人で光友公のための寺社参りをしたのであろう。勝手な憶測だが、半ば無礼講で酒を酌み交わし（あるいは痛飲し）、名君光友公の思い出を語り合ったのだろうと思う。それを済ませたあとの「致仕と隠居」は、予定の行動だったようにも思われる。

【横井家系譜】

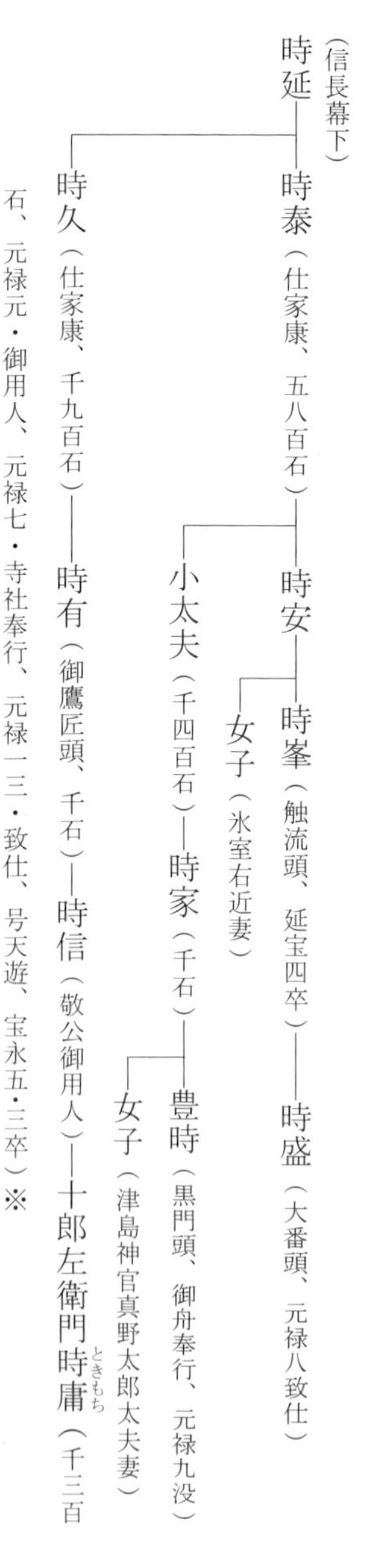

そう思わせるだけの理由がある。横井十郎左衛門はなかなかの教養人であり、当代のすぐれた学者であって、『名古屋市史』も儒学者の部で「時庸、儒典を嗜み、書を善くす」と紹介し、『日記』の元禄十一年条には次の記事が載る。

○九月十日　先頃横井十郎左衛門に尾張の風土記を仰せ付けらる。深田正室儒者小出晦哲之を助く。

（元禄一一・九・一〇）

三代藩主綱誠は『尾張風土記』の撰述を儒臣の深田正室、東照宮神主吉見幸和、寄合天野信景、津島神官真野時綱、御馬廻福富親茂らに命じた。深田氏は初代円空（寛文三没）が二〇〇石で義直に仕え、明峰（宝永四没）、慎斎（元文二没）まで三代が正室を名乗った。日記の正室は、二代目明峰を指す。このとき編纂の総奉行を任されたのが、横井時庸であった。残念ながら翌年に綱誠が亡くなったため事業は頓挫したが、この時庸の孫が、天明から寛政にかけて活躍した国学者の横井千秋である。千秋は学問上の雅名で本名は宏時、祖父同様、書院番頭・用人等を歴任し寛政四年（一七九二）五五歳で致仕し田守・木綿苑と号した。これより早く天明五年に本居宣長の門に入り、のちに私費を投じて宣長の『古事記伝』等を板刻し、名古屋の本屋永楽屋東四郎から出版した。ひろく天下に宣長の『古事記伝』が流布したのは、千秋の力に預かるところ大だったという（『名古屋市史』人物編）。なお、時庸の直系ではないが、曽祖父時久の兄時朝の家系（五代目）から、俳人として知られる「横井也有」が出ている。

以下引き続き、元禄八年以降の津島参詣について解説を加えておく。

九　津島参詣日記のつづき

□元禄八年（一六九五）九月廿三日

○卯半点ゟ雨降り出す。兼ての約束にて、予、源右衛門処へ寅の刻前に行く。支度し、星野勘八・源右衛門・源之助と津嶋へ行く。雨ゆえ、枇杷嶋にて弁当を開き、皈る。

いまの暦で一〇月三〇日にあたる。寅の刻は朝の四時前、伯父の渡辺源右衛門の家で支度を整え、源右衛門父子に星野勘八（不詳）が加わって津島へ出かけたが、六時ころから雨が降り出したため、途中の枇杷島で弁当を食べ帰ってきた。出直しである。

□元禄八年（一六九五）九月廿六日

○天眼快霽。兼て今暁寅半刻に津嶋へ発足の処、遅々し卯の刻少し前に出る。朝倉辰之丞をゑびや町にて待合する筈の処、爰に会わず。亦先後知らず。須臾待ちて行く。還往ともに見ず（今暁辰之丞いやとて行かず、忠兵衛断りに人を蛯や丁に出すといえども、時間違いて合わず）。源右衛門、御師大矢部刑部太夫処にて支度す。川鱣の焼物等あり。酒数献。酉半点帰宅す。

三日まえ中止になった津島行のやり直しである。五時ころ出発の予定が遅くなって六時の出発となった。朝倉忠兵衛の息子（?）辰之丞と「えびや町（城西一交差点辺）」で待合せたが来ないので、暫く待って出かけた。あとで聞くと忠兵衛から断りの使いを遣ったというが遇わなかった。津島社の近くまで来て、源右衛門は御師の矢部家に寄り、ウナギの焼物で酒を酌み交わした。

津嶋社のトップは神主の氷室家で、次が神官五家、その次の家格に神楽方七家がある。神楽方の第一は村主当太夫、第二が平野但馬太夫、そして第三が大矢部刑部太夫家である。ここに出てきた大矢部がそれであろう。当時神職の家の多くは御師として全国の村々を巡り、獲得した信徒（檀那）たちに神札を配って祈祷を行い、参詣に来た檀那たちの宿泊所として神社の近くの禰宜町で御師宿を営んでいた。この宿で源右衛門たちに振る舞われた「鱣」については、元禄七年の「津島行」で詳しく述べたので、ここでは触れない。

□元禄九年（一六九六）十月六日

○晴空。予、津嶋へ参詣す。日の出に宿を発足し、申一点に皈る。

いまの暦で一一月一日にあたり、日の出時刻は六時一〇分すぎ。宿というのがよくわからないが、前日にどこかに泊まった気配はないから自宅を出たのだろう。五里を歩いて一一時頃に津島に着く。「申の一点」は申の刻のはじまりで午後三時過ぎ、「皈る」は津島を出た意味で、自宅へは夜八時頃に着いたはずだ。帰宅後かも知れないが枇杷島橋、法界橋、勝幡堤、津島宮、甚目寺を主題にした七言絶句を詠んでいる。このころは儒家の小出晦哲と親しくしており、漢詩はその影響であろう。

□元禄十年三月十日

○快晴。夙に予、横長子・相政子・能勢彦之丞と共に、津嶋へ参詣す。於店屋鱺鰻を沽食。往還
　甚楽。今日津嶋六箇所の市の内にて、橋の上下辺人充つ。日の入前帰宅。

日記の前々日と前日に「横河長右衛門を宿せしむ」とあって、横長子が横河長右衛門であることはわかるが、『士林泝洄』にも載らず何者か不明である。相政子は相原政之右衛門のこと。相原久兵衛の子で代々ご城代組同心の家柄、文左衛門の右隣りに住む親友である。能勢彦之丞は渡辺半蔵組の同心の家で、同じ主税町筋のずっと東寄りに住んでいる。

　津島の店で「鱺鰻」を金を払って食べた（沽食）とあるが、「鰻鱺」と書いて「ウナギ」とするのが一般。鱺は鱧に同じとあり、鱧を引くと「川魚ならライギョ、海魚ならハモ」とある。魚偏はむ

つかしい。津島は市が立つ日だったのか、天王橋の両側は大変な人ごみだったようだ。

□元禄十二年六月十五日

○津嶋祭礼なし。御芦流し斗なり。

これは参詣記録ではない。一〇日前に三代藩主綱誠（つななり）公が亡くなり、そのため祭りが延期され神事の「御葭（みよし）流し」だけが行われた。以下、京都の祇園会も一七日に延期されたことを記している。

○六月五日未下刻、綱誠公江戸市谷亭において薨。御年四十八。

○閏九月十五日　夜天王祭試楽。巳刻津嶋祭礼あり。昨夜試楽。

○京祇園会も延びて十七日になる。

津島の天王祭りは、毎年旧暦の六月一四・一五日に「宵祭り」と「朝祭り」が行われる。いまは七月の第四土曜日と日曜日である。平成二八年に津島天王祭りは「山・鉾・屋台行事」として、ユネスコの無形文化遺産に登録された。

□元禄十三年六月十五日

○試楽例の如し。○津嶋祭礼へ行く。

□宝永二年六月十五日

○当年津嶋祭り、別して群聚す。

簡単な記事であっても元禄一三年のように「行く」と書いてあればよいが、「別して群聚す」では伝聞の可能性もあり、本当に出かけたのかわからない。

一〇　藩主吉通公の津島参り

□正徳元年六月十四日（宝永八年四月廿五日改元）
○卯刻。（吉通）公、津嶋へ御成り。御船。津嶋にて花火はなし。はじめ嶋沢仁太夫より長屋六左衛門一名にて手紙津嶋へ。六左衛門方の御船に召すべしと云々。志摩へも申し遣わすべしと。猶々書にあり。志摩大いに含み、森嶋を頼みけり。之に仍って昨夜俄かに志摩御船に召すと。又申し来る。今日六左衛門御先乗りにて、船歌を発せしむるを、御使いにて御叱りなり。六左衛門方敬公より以来の御吉例と云々。又仰せに云う、一先ず何ぞ窺わずやと。六左衛門その義は気づかかず過り奉ると云々。
○十五日晴れ。酉半御船にてお帰り。今日海上にて志摩、鯨を突く真似してご覧に入る。御船の人々皆片寄り視る時に、御船傾き既にくつがえらんとす。お茶弁当等、その外器物ガラガラと崩れ落ちる音、二、三町へ徹す。御鼻紙袋も落つ。公も御屋形の柱に御取り付き、幸いにして御動座なし。人々汗を握り魂を寒くす。後日に志摩逼塞。小嶋平左等、御船に乗る輩、残らず御叱り。

この年改元して元号が宝永から正徳に変わった。改元して間もなく、四代藩主の吉通公が御座船で津島天王まつりを見物に出かけた記事である。今回の津島行きについて、吉通の部屋付御用人の嶋沢仁太夫（往長、四〇〇石）から、船奉行の長屋六左衛門忠孟に指名が来た。「長屋が管理する御座船を使うので、この旨千賀志摩守（信賢）にも連絡しておいて欲しい」と。嶋沢の妹は、長屋六左衛門に嫁いでいる。そうした事情があってとくに長屋の船を指定したのかも知れない。ちなみに長屋忠孟の養父六左衛門忠重は、京都三十三間堂の通し矢で寛永一四（四三一三本）、一五（五九四四本）、一七年（六三二三本）と、三度日本一に輝いた弓の名手で、弟子に八〇〇〇本の星野勘左衛門がいる。

藩主が長屋の船に乗ると聞いてへそを曲げたのが、千賀志摩守である。船のことならこちらが本職で、初代義直公以来代々船奉行を務めている。寛永以後は千賀のほかに長屋など船奉行に任じられる者もいたが、彼らは白鳥の舟蔵で川船の管理が主な仕事である。藩主の船旅なら千賀志摩の随行が慣例である。おそらく近臣の誰かに談じ込んだのだろう、前日になって急きょ千賀の船に乗ることになった。

一四日の試楽（巻藁船の宵祭）当日、長屋は先乗りして待ち構え、吉通公に舟歌を披露したところ、公の船から使いが来て叱られた。長屋は「これは義直公以来、慣例の祝事です」と申し上げたが、「例えそうだとしても、まず伺いを立てるのが順序だろう」と再度の叱責、「まこと、その通りです」と謝るしかなかった。面倒な殿様である。

翌一五日の「朝祭」を見物し、御座船での宴も終えて夕暮れの中を帰途についた。御座船を引くのは数隻の鯨船である。志摩守は水主たちに命じ、鯨に銛を打ち込む所作をご覧に入れた。御座船の人たちが皆これを見物しようと、船の片縁りへ寄ったため船が傾き、転覆しそうになった。お茶や弁当、その外の器物がガラガラと崩れ落ちすさまじい音を立てた。殿様も御屋形の柱に抱き着いて耐え、さいわい転がることはなかった。人々は手に汗を握り、肝を冷やした。後日、志摩守は逼塞（外出禁止）の処分。お供の小嶋平左ら船に同乗していた輩は、残らず御叱りの処分となった。

千賀志摩守（信賢）の名誉のために付け加えておくと、この奉行はなかなかの人物だったらしく、享保年には御国奉行から御用人へ、さらに元文三年には城代家老にまで出世している。

殿様の乗る御座船を「長屋の…、千賀の…」と記したが、船奉行の二人はそれぞれ別個に御座船を管理していた。かつて文左衛門と御畳奉行同役の若尾政右衛門は、白鳥の船蔵を視察したことが

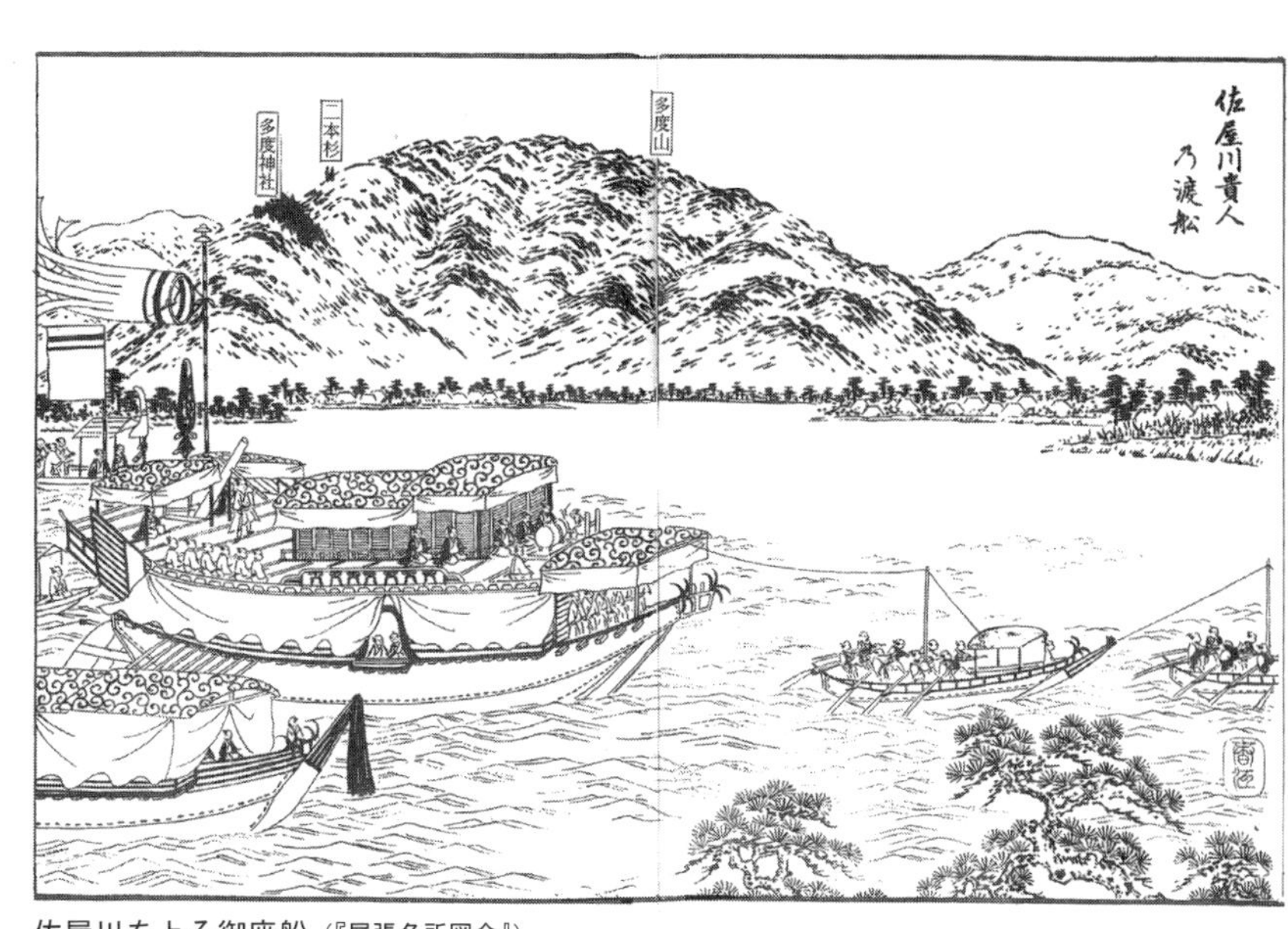

佐屋川を上る御座船（『尾張名所図会』）

あるる。その記事を読むと、管理する船の違いがわかる。

○元禄一五年六月廿三日　政右と御用にて白鳥へ行き暮前に帰る。舟にて御船蔵へ之を見に行く。北の方千賀志摩御預りなり。

○よし（義）丸殊に大なり。十八間に五間（三二メートル×九メートル）あり。其の外舜光丸・再（彩）鷁丸等、尽善尽美。志摩祖父大坂御陣の時乗っ取り来たりし、大坂丸と云うあり。是もまた大にして絵などは始めのにて古く見事なり。何れも関船扨ては鯨船等数多あり。

○南の方は六左衛門御預かりにて川舟なり。

○朝日丸・舜林丸等一々述べるべからず。また御材木場の北堀川通りに大宮丸（長久寺の雲沼筆）・伊国丸（敬公の御筆）また一艘合わせて三艘これあり。是は廻船にて江戸等往来す。

旧版『名古屋市史』（政治編二）によると「義丸は大櫓（二人懸りの櫓）六〇挺立て、長さ二一間・幅六間」とあり、日記が記すサイズより一回り大きい。師崎で建造され義直の名前から一字を取ったとある。次の舜光丸（俊剛丸）は五四挺立で、この二隻は関船（早船）と呼ばれる軍船であり、御座船の代表格である。

再鵢丸は三二挺立ての大御座船で、二層の屋形を設えている。光友の命で建造され、船首に水難除けの鵢（水鳥）の飾りがあることから付けられた船名であろう。龍を飾る船も多く「龍頭鷁首」という言葉もある。大坂丸は大櫓五〇挺立ての関船で、豊臣秀頼の座乗船だったが大坂の役で千賀に分捕られたものだ。

一方南の船蔵には、長屋六左衛門が管理する川船がある。朝日丸は三〇挺立ての小早船で、清州の朝日村で建造されたので、この名前がある。木場の北側には大宮丸、伊国丸など、お荷物船（廻船）が係留されている。

他に数多く係留されていた鯨船は、鯨とりの船を指すのではなく「引き船」である。大型船を引く姿が、鯨を引く姿に似ていることからの命名だという（新内俊次ら『御座船浪漫』エフエー出版）。

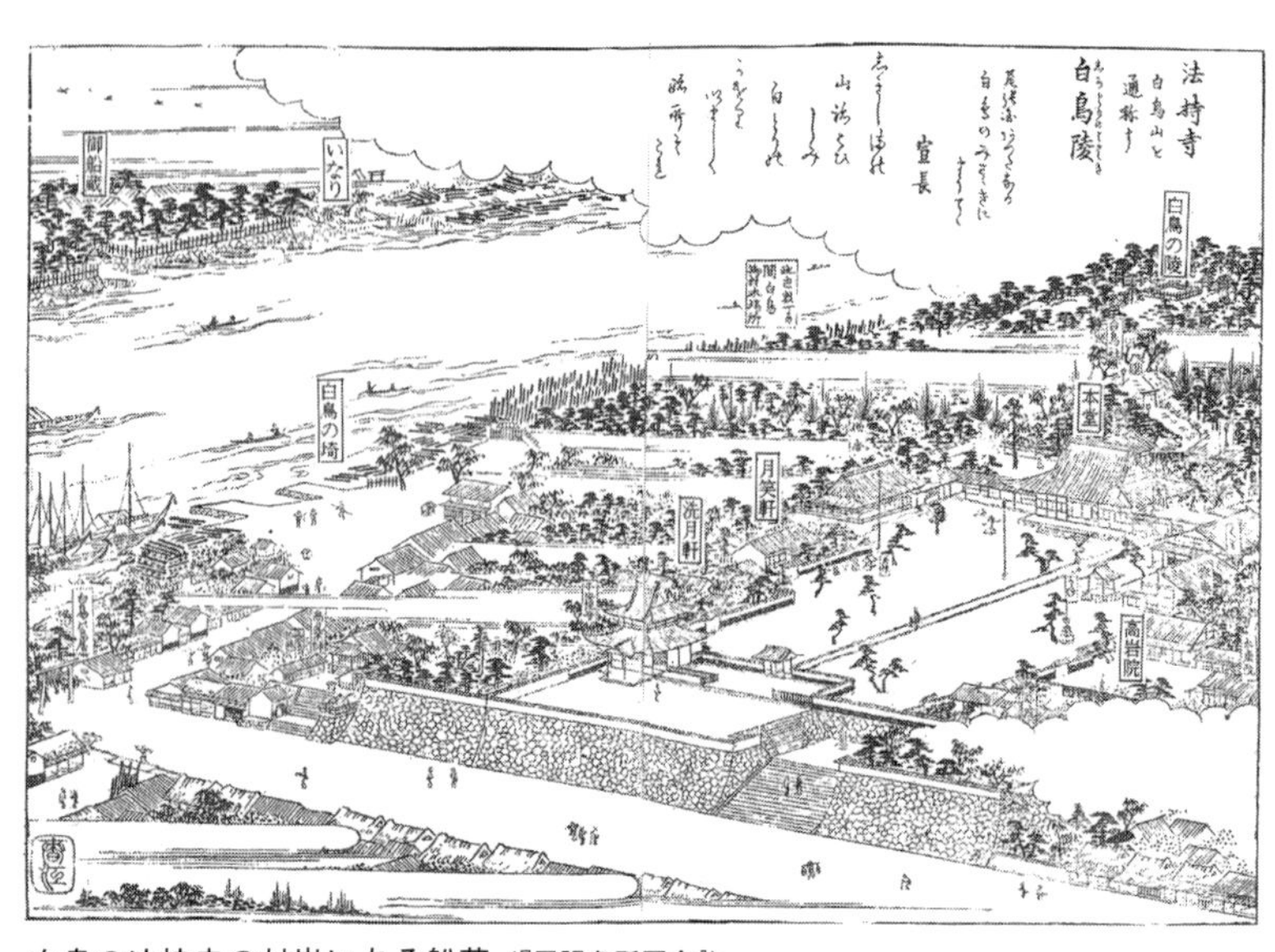

白鳥の法持寺の対岸にある船蔵（『尾張名所図会』）

一一　最後の津島参詣日記

□正徳二年六月一四日

○曇。辰より雨、或いは止む。朝倉忠兵衛入道中海、今朝死ぬ。初めの名天海。

○巳前、八郎右にて瀬左と酒給ぶ。津嶋へ行く。加右衛門従えり。縫殿殿の構えより雨降り出し、維摩院前にて止む。その後漸々晴れ、西風の涼気はなはだ快し。甚目寺にて路はなはだ滑る。堂の北の岡にて弁当開き、酒食給ぶ。これより道ひと筋明にて可なり。勝幡堤少し上がり、好景にてまた酒給ぶ。此の辺船多く有りて津嶋へ乗す。これより一人六銭ずつにて乗り、未半ごろ津嶋へ着く。瀬左母義の隣、片町兵八ところへ落ち着く。湯などつかい、飯・汁をいださせ、鱸を求め、澄ましにて喫す。甚だ美なり。二百にて船を借り、暮れ前に乗る。

朝日文左衛門たちが泊まりがけで出かけた正徳二年六月一四日は、新暦では七月一七日にあたる。梅雨(つゆ)が明けるかどうか、といった頃だ。この日の巳刻前(みのこくまえ)(午前八時頃)、左隣りの渡辺八郎右衛門の家で、向かいの石川瀬左衛門も加わって、朝っぱらから酒を酌み交わした。

渡辺八郎右衛門(村綱)は、先に紹介した老中渡辺飛騨守定綱(守綱の四代後、一〇〇〇〇石、元禄一〇～正徳五在職)の同心で、三〇〇石の家柄、一方向かいの石川瀬左衛門は成瀬隼人正の同心で、一五〇石。文左衛門の時代には正珍(まさよし)が当主で、妹は春田喜左衛門に嫁いでいる。この三人で景気づけに酒を酌み交わし、いざ出陣とばかりに津島天王祭りの見物に繰り出した。

この日の朝、前妻「お慶」の父で弓の名人の朝倉忠兵衛が亡くなっている。訃報はおそらく届いていたはずだが、焼香に行った様子はない。妻を離縁した宝永二年（一七〇五）からすでに七年が経ち、その間朝倉家とはまったく接触がなく、公人としての忠兵衛の記事は二、三見受けられるものの、お慶については一度も日記に登場していない。お慶との間に生まれた「おこん」は朝日家で立派に成長し、三年前に瀬戸の名士水野家に嫁いでいるが、その折にも何の連絡もされていない。今では考えられない割り切った話である。

出発して間もなく差しかかった「縫殿殿（ぬいどのどの）」の屋敷前で雨が降り始めた。やはり梅雨は明けきっていない。当時、「縫殿殿」と呼ばれていた藩士は二人いて、その一人が「阿部縫殿正寛（まさひろ）」、三〇〇〇石の老中でのちに五〇〇〇石賜っている。『尾藩世記』の元禄一三年条に「阿部縫殿、石川伊織に、同心十騎宛を付せらる」とあり、元禄期から縫殿の通称で通っていたようだ。ちなみに縫殿とは縫殿寮（ぬいどのりょう）のことで、律令官制の八つの役所のうち中務省（なかつかさ）に属し、天皇や賞賜の衣服を裁縫し、また女官たちの人事を司った役所である。石川（いしこ）家から阿部家に入った正寛は官名の「縫殿」を名乗り、日記にある正徳二年には、従五位下肥前守に任じられている。この阿部家の上屋敷は、今の名古屋市役所敷地の北西角にあった。

もうひとり縫殿と呼ばれていたのが津田民部秉文（もりふみ）で、津田といえば織田家である。先祖は織田信長の叔父（父信秀の弟）信康（のぶやす）につながり、その子信清（のぶきよ）が信長に犬山城を逐われて甲州に寓し、津田姓を名乗った。二代あとの津田直信は二〇〇〇石大番頭（おおばんかしら）として義直に仕えた。この直信の叔母が、義直の側室貞松院（ていしょういん）である。津田民部秉文は直信の孫にあたり、宝永三年に家督を継いで老中にまで出世するが、一方では応圭の号をもつ花鳥・山水画の画家としても知られる。

旧版『名古屋市史』に「縫殿は津田応圭の通称」で、「秉文、字は応圭、柘榴（しゃりゅう）（ざくろ）園と号す。

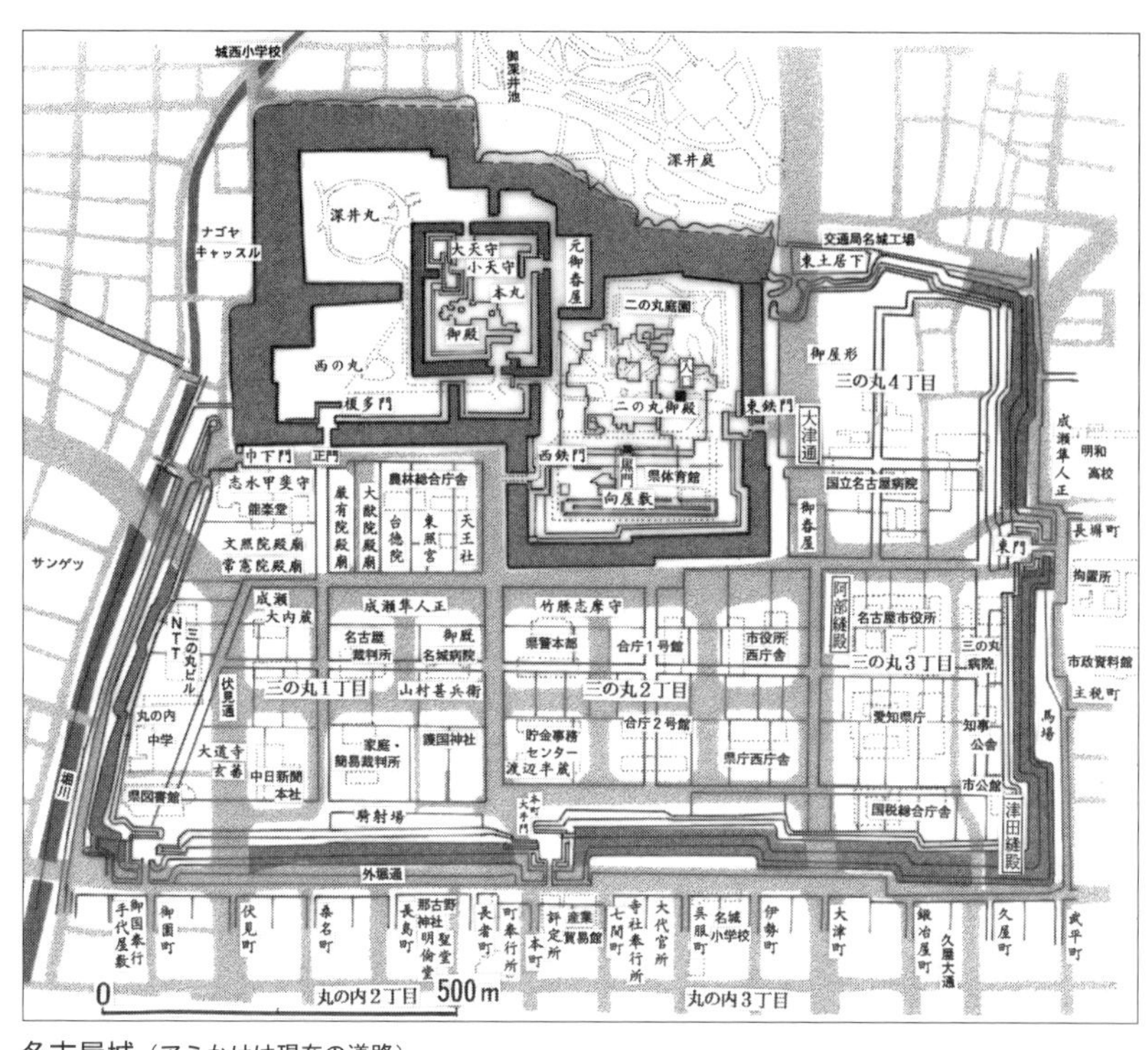

名古屋城（アミかけは現在の道路）

通称織部または縫殿。禄千五百石、三の丸東南隅に住するを以て〈隅の津田〉と称す」とあり、応圭の花鳥図（光蓮寺所蔵／東区東桜一・真宗大谷派）を掲げている。宝永期以後の城下絵図には、外堀に面した東南角に津田の屋敷名が付されている（三の丸東南隅で、いまの市公館から三の丸庭園にかけての広大な敷地）。

縫殿が阿部であれば「今の明和高校前の東大手門を入り、市役所の北から三の丸官庁街の北側、途中で西鉄門（くろがねもん）の方へ折れ、城の正門前から巾下門へ抜け、朝日橋を通って美濃街道へ入るルート」が考えられる。

また縫殿を津田とすれば「市政資料館南から外堀通りに沿って堀川へ突き当たるまで進み、（当時景雲橋はないから）巾下へ向かうか、あるいは少し下がって五条橋を渡るルート」になる。比較すれば前者のほうがずっと近道で可能性は高いが、日記の記事には「縫殿殿の構えにさしかかった辺りから雨が降り出し、その雨が維摩院の前へ来たときに止んだ」とあるのが気がかりだ。つまり縫殿殿の先にあるという維摩院、これがまた難題である。

寺院としての維摩院は、何処を探しても出てこない。江戸時代の社寺を網羅している旧版『名古屋市史』社寺編にも、廃寺を含めて記載がない。わずかに望みのあるのが僧侶の院号で、天台宗密蔵院の三六世で熱田神宮寺六世の智峰が、維摩院と号していた。その隠居地を維摩院と呼んだのかも知れない。五条橋の先にある信行院の西側に、一時期天台の法蔵寺が移り、維摩院がここに住んだ可能性があり、それなら五条橋経由のルートが有利になる。しかし巾下の辺にあった時期もあり、一概には決めつけられない。二つのルートのうち前者へ傾いているが、確信はない。

美濃路に入ってからはもう一本道で、迷うことはない。枇杷島橋を渡った先はいまも「高照寺」から「みのじの館」、「問屋記念館」から「瑞正寺」「阿弥陀寺」といった、往時の雰囲気を伝える建物が並ぶ。その先、いまなら新川橋を渡るが、当時新川は掘削されておらず、そのまま五条川に架かる「法界橋」へいたる。その名の通り、この橋を渡れば甚目寺は近い。

枇杷島までに雨も上がり、甚目寺で昼の弁当をつかっている。甚目寺は名古屋城下から二里の道のりだが（自宅からは約一〇キロ）、九時前に出発して約二時間半、甚目寺に着くのはちょうどお昼頃になる。いつもの津島行きに比べるとずっと遅い時刻だが、今晩は津島泊なので、時間の心配は要らない。

甚目寺から勝幡までは「これより道ひと筋明にて可なり」とあるように、ほぼ真っ直ぐ東西道が続き、道の南を並行して名鉄津島線が走っている。

この東西の直線道路について水野時二氏は、「条里の復原によれば、これが条の境界線であることは、佐屋街道と同じである」とし、「この津島街道と佐屋街道の間隔は四条（二・六キロ）」とされている（『条里制の歴史地理学的研究』）。

「海部郡の条里復原図」で確かめると、四条と五条の境を津島街道と名鉄津島線が走り、その南は五条から八条までを挟んで、九条との境が佐屋街道になっている。地図の上ではほとんど真っ直ぐだが、実際に歩いてみると集落のある場所では必ずしも直線というわけではない。ただし七宝駅と次の木田駅の間は、今でも完璧な直線である。線路の方は甚目寺の手前から木田駅までの二区間は直線である。ただし福田川、蟹江川の堤防の高まりがあって、駅どうしは見通せない。

○勝幡堤（つつみ） 少し上がり、好景にてまた酒給ぶ。此の辺船多く有りて津嶋へ乗す。これより一人六銭ずつにて乗り、未半ごろ津嶋へ着く。瀬左母義の隣、片町兵八ところへ落ち着く。湯などつかい、飯・汁をいださせ、鱸を求め、澄ましにて喫す。甚だ美なり。二百にて船を借り、暮れ前に乗る。

木田駅を過ぎる辺りから道は北寄りに振れ、青塚の先の目比川（むくい）を越えて、今度は少し南へ戻る。次の勝幡（しょばた）から津島までは南西方向にくねくねと曲がる堤防道で、旧い地形をよく残している。跡を辿るために、名鉄津島線の勝幡駅で降り、日光川に領内川と三宅川が合流する地点へ向かう。

以前、信長が生まれた勝幡城跡の石碑を訪ねたときは、三宅川に架かる塩畑（しおはた）橋を渡り日光川の土

甚目寺東門（津島街道は甚目寺の東門にぶつかり、左折して南大門を廻り西へ進む）

手を嫁振橋の方へ上ったが、今度は日光川の小津橋を渡り領内川の右岸に沿いに堤防道を西へ進む。文左衛門たちは見晴らしの良いこの堤防道で酒を食らい、いい気分になったのであろう。歩くのも面倒になって、すぐ近くに集まっている小舟で津島まで乗った。このときまだ新日光川は開削されておらず、三宅川と足立川が合して津島川（天王川）になり、津島方面へ南流していた。おそらく天王橋近くに桟橋が設けられ、そこから岸に上がったのだろう。勝幡から津島まで一人六銭、つまり六文でいまのお金で一五〇円ほどか。

津島祭り

天王橋に着いたのは午後の四時頃で、石川瀬左衛門の母方に所縁のある兵八の家に落ち着いた。家は片町にあったというから、いまの天王川公園の東側、浄蓮寺から氷室家住宅にかけての一帯にあたる。西側が川堤になっているため東側にしか家並がない片町で、兵八の家で湯に浸かり、鱸の澄まし汁で食事をした。そのあと二〇〇文（約五〇〇〇円）で船一艘を借り受け、暮れ前の七時ころ、川へ繰り出した。

〇天王橋の辺にて見物す。暮れより試楽船五艘来たり、橋の辺、御代官衆ら居そうろう前の岸岐のところまで来たり、各三べんずつ楽を調して皈る。月色晴明なり。船二艘をからみて一つとし、甚だ高く白張提灯を竿にてさす。真はあるいは五つあるいは六つばかり、〇〇〇—かくのごとくに亭々たり。その下より百千の挑灯涌き出る。星林風度りて爛漫動揺す。その下屋形の軒を縈り、いろいろの紋等を彩りたる吉野紙にて張りたる大なる提灯、眼精を奪い人魂を驚かす。そのほか灯光あまた、一々筆すべからず。

〇人多く乗り、児は金襴今織等を着し、神楽太鼓を打つ囃方雷の如くなり。柱をつつみ、幕を張り、見事さいうばかりなし。初め遠く松樹の間より見えたるありさま、たとうべきものなし。真の提灯までは、高さ船より十二、三間もあらんか。見物蒔砂の如く、堤はさらなり、船のおびただしき、橋をば長柄二十本と弓鉄炮にて固む。暮れ前より終わるまで人を通さず。足軽頭津田平次右衛門・大嶋六右衛門。

御代官五味弾右衛門。五十人目付小笠原与一兵衛・奥田只助。

旧暦の六月一四日、満月前夜からの宵祭りを「試楽」という。二隻の船を横に並べて固定し一艘に仕立て、その上に屋形（車楽）をのせる。これに長さ九間半（約一七メートル）の真柱（如意とも）を取付け、柱に一二個（月数）の提灯を縦に並べる。これに灯をともすと、塔の先端が五輪のように見える。屋形の屋根には半球型に麦藁を置き（坊主という）、これに三丈（約三メートル）の竹竿を差し、先端に提灯を点す。これも全体が半球型になるよう調整するが、提灯の数は一年の日数にあたる三六五個（現在は四〇〇個）、さらに屋台前方に月の日数にあたる三〇個の提灯を飾る。

この提灯船を巻藁船とも試楽船ともいう。市江の船はこの宵祭には出ない。今市場、筏場、下構、堤下、米之座の津島五か

片町の氷室家住宅

片町の通り

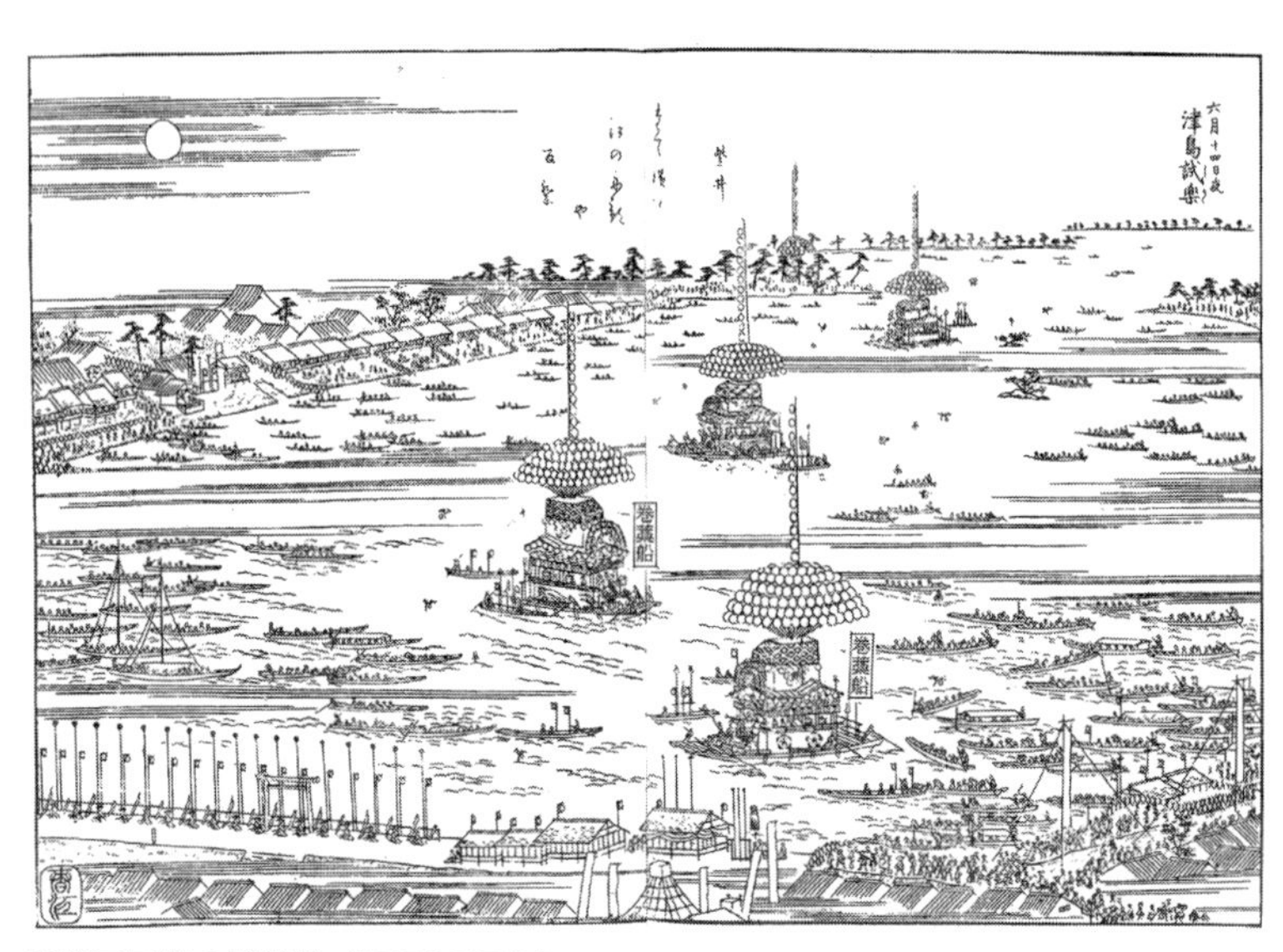

津島天王祭の試楽船（『尾張名所図会』）

村から、五艘の船が出る。

船の準備は車河戸（くるまこうど）で行われる。公園の丸池東堤（ひがしつつみ）を南へ下ると、入江状に東へのびる池があり、丸池とつながっている。これが車河戸で、丸池という大舞台へ出るための楽屋にあたる。祭りでは船を車というから、車河戸は「船の出入口」である。試楽の船五艘もここで準備を整え、天王橋の方へ漕ぎだす。

警備本部として仮小屋が橋の西詰の袂に設置され、長柄の槍を持つ者、鉄砲を持つ者が何十人も橋を中心に警備している。代官等、顔見知りの者もいるらしく、文左衛門は一々知る者の名を記している。

○船より上がり社参せんとするに、橋の向こうより一町余り、両がわ市棚賑々し。向こうに弾右紋の附きたる提灯あり。番所らし。木戸ありて銭を出さざれば内へ入れざるゆえ、大麻をばほかにて求め、帰る。橋のこなたより片町の右の方に、小人嶋、朝せん人吹き物からくり、浄るり、十次郎芝居等あり。そのほか両側、あるいは茶屋うんどん瓜物種手々の棚なり。瓜等多し。甚だ群衆す。十次郎芝居一切を見て、旅宿に亥前帰り、酒給ぶ。八郎右は明朝頭へ出るとて帰る。予と瀬左はここに宿す。

○瀬左と予、月に乗じ所々廻る。うんどん等給ぶ。あなたこなたに逍遥し、子前帰り宿す。惣じて名古屋より蚊少なけれども、破れ蚊帳かつ蚤などありて、予、少しも眠らず。寅刻過ぎ起きて、またあなたこなた廻り、帰りて飯給ぶ。夜明けて亭主控えの桟敷へ出る。予ら居する処は、橋の根に縁取り敷かせ安坐す。いずかたもつかえず甚だ能き処なり。常に板橋あれど車通るゆえ中を取り放す。

船を降り、津島神社にお参りしようと思ったが、橋の向こうに代官の紋をいれた提灯が点っていて番所が設けられている。番所横の木戸では、銭を徴収しているので、大麻（神社の授与する神符）を他所で求めて帰った。

宿舎のある片町にはあらゆる種類の見世物や茶店・屋台が出ているが、文左衛門たちは「十次郎芝居を見た」と記している。名古屋の地芝居に、宝永三年（一七〇六）ころから座元「和泉屋十三郎」の養子で「十二郎」という役者の名がしばしば出てくる。「頃日聞く。和泉屋十二郎美形抜群という」（宝永三・九・一二）

車河戸

陸に上げられた祭り船

と日記にも記されている。もともと地の役者だから、こうした天王祭で興行することもあったのだろう。

芝居見物を済ませ、宿に帰ったのは夜の一〇時近い。それから酒になったが、同行の渡辺八郎右衛門は明朝小頭のところへ挨拶に行くというので、二〇キロの夜道を帰って行った。当然召仕ぐらいは連れていたろうが、何とも平気なものである。文左衛門は石川瀬左衛門と泊まったが、月が明るいから夜更けまでブラブラ散歩した。一一時過ぎに宿に帰って寝ようとしたが、蚤はいるし蚊帳は破れていて、なかなか寝付かれず三時過ぎには起きて、また近所を歩き回り、帰って朝食を食べ、夜明け頃（日の出は四時五〇分）朝祭を見るため、亭主が取っておいてくれた川べりの桟敷へ行った。自分たちの場所は天王橋の袂で、なかなか具合の良い所である。最後の「常に板橋あれど、車通るゆえ中を取り放す」が良くわからないが、船（車）の通航のため板橋の一部を取り外したということだろうか。

○日の出ころ、高砂のだんじり、その次山。時々鉄炮を放ち、その次だんじり、その次山曲物より紙花を散らす。次にだんじり、次に山、湯取りみこ、次だんじり、次山八丁がね、次だんじり、次山猩々、次だんじり、以上十一にて仕廻いなり。さき車を始めはやしたて、市江のだんじりを待ち合わせ、その跡よりいずれも行くなり。

○山の高さ九間余もあるべし。いずれも蛇あり、また魚の跳るあり、籏振り夫婦あり。だんじりいずれとも高砂のごとく、二人ずつあり。あるいは檀風のような面を著け、羽団を持つもあり、老人もあり。これはさのみ高からず。人形の下の屋形、柱を金襴等にてつつみ、児金襴等を著し、囃方上下にて笛・大こ・鼓なり。いずれとも衣服を多くかくる。山にもかけれどもこれはすくなし。

○高砂の次の山の初め、堀田喜大夫と幕にあり。幕紋いずれも丸に爪(ママ)なり。その他の紋は木爪等あり。

前夜の宵祭が終ってから、津島五か村の巻藁船(まきわら)は車楽船(だんじり)へ模様替えする。その作業は、片町を南へ下って突き当たった車河戸で、夜を徹して行われる。片町の宿で寝付かれずに近辺を歩き回った文左衛門は、おそらくその様子を目にしているはずだが日記に記していない。日の出頃とあるから、すでに五時頃から朝祭が始まる。やはり江戸時代は朝が早い。

先日早起きして「朝祭」を見てきたが、市江車が姿を現わしたのは確か一〇時頃だった。日記は、まず「高砂」のダンジリから書き始めているが、これは「能(のう)」の高砂のシテ・ワキの人形が屋台に置かれていて、見慣れた人はすぐにわかる。市江車(いちえぐるま)を含めた都合六台のダンジリに、必ず「能」の演目に合わせた人形(置物)が乗る。この年市江のダンジリがどんな人形を置いたか記されていないが、高砂を飾ったのは、津島五か村(米之座、堤下、筏場、今市場、下構)のうち、当番(世話役)に当たった村の出し物である。

毎年当番が先頭を務め、高砂の人形を置く。以下四か村が続き、やがて悠々と佐屋方面から現われた親分格の「市江のダンジリ」が、高砂の前に出て、総勢六台が天王川へ繰り出して行く。津島グループの前を行く市江車というのは、江戸時代の「市江七カ村」が出すダンジリのことで、西(にし)保(ほ)、東保(ひがしほ)、西条(にしじょう)、東条(ひがしじょう)(海部郡佐屋町／現愛西市)、荷之上(にのうえ)、五ノ三(ごのさん)、鯏浦(うぐいうら)(現弥富市)で構成される。市江から宵祭(よいまつり)の試楽船(しがくぶね)(巻藁船)は出さないが、その代わり朝祭(あさまつり)の車楽船(だんじりぶね)をとくに市江車と称し、必ず先頭(先車(さきぐるま))を務めることになっている。

文左衛門は高砂ダンジリの次に〈山(やま)〉と記し、以下交互につづく様子を描いている。ここでいう〈山〉とは大山(おおやま)のことで、これも津島五か村の出し物である。ダンジリと大山はどこが違うかとい

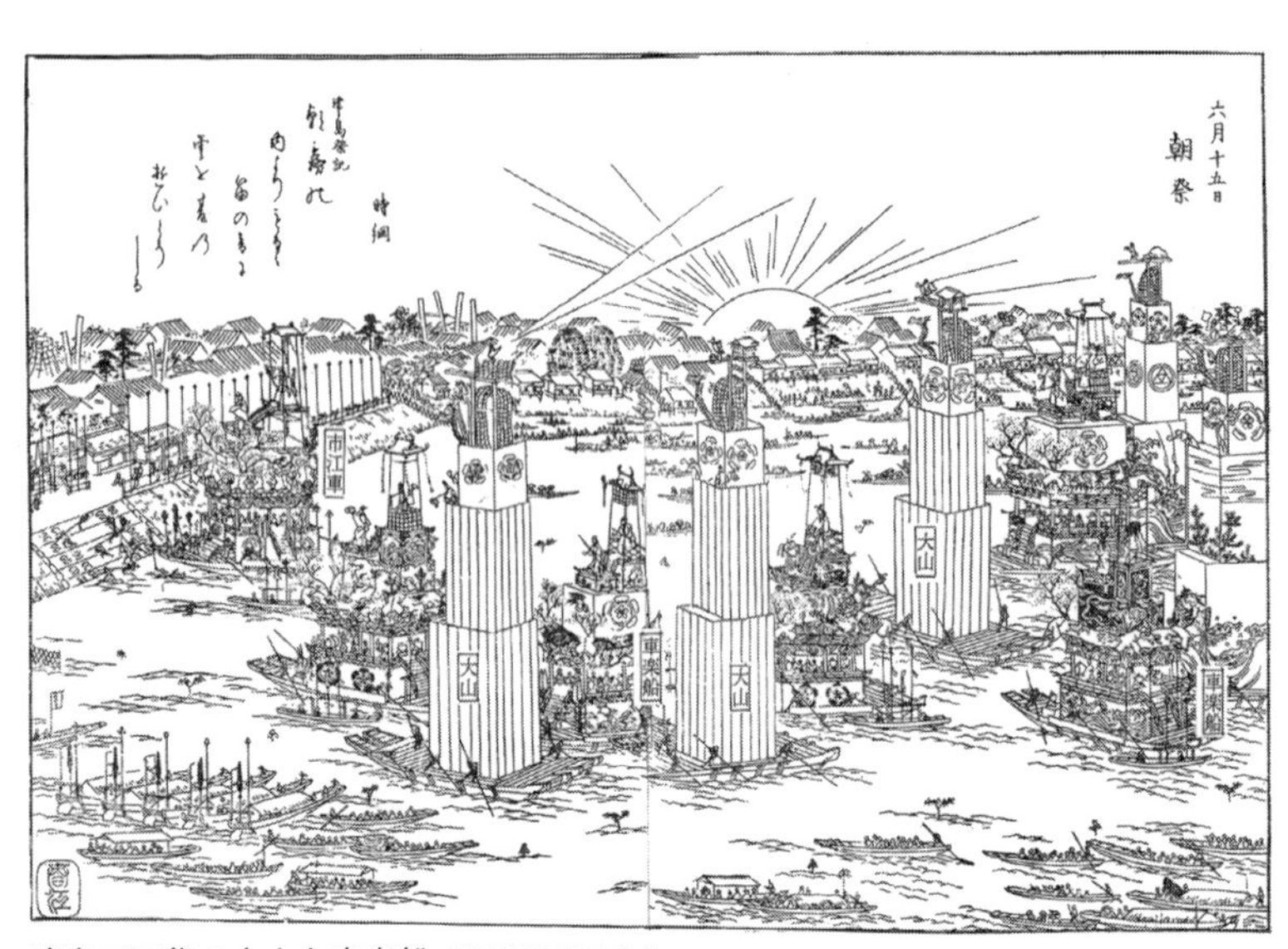

津島天王祭の大山と車楽船（『尾張名所図会』）

うと、ともに船二艘を連結するのは同じだが、ダンジリはその上に前・後二つの屋形（やかた）を設置して、さらに前屋形の上には小屋台（しょうやたい）、後ろ屋形の上には大屋台（おおやたい）を載せ、それぞれに人形の置物一体ずつを立てる。

これに対し大山は、船の上に三段からなる山の台を築き、その天辺（てっぺん）に大蛇（龍？）をくねらせ、さらにその上に屋台と、そこから前方へ突き出した柱を組み合わせ、柱の先には人形が乗るという趣向である。三段の山の構造部分は幕で覆われ、総高はゆうに二〇メートルを超えるから、ダンジリより五メートル以上は高く、まさに山の趣きである。掲載の絵は細密過ぎてわかりにくいが、一応形の違いは判別できるだろう。ただし大山の方は、明治六年に経済的理由から廃止されたという。

高砂の次の山には、幕に「堀田喜大夫」と染め抜かれていて、紋は丸の中に瓜（原文の爪は誤まり）の断面を描いた紋様である。木瓜（きうり）とは胡瓜（きゅうり）のことである。津島堀田家は牛頭天王社の神官の家柄で、子の一人理右衛門は、福島正則の中小姓として仕えた。主君が広島へ転封のとき、故郷の津島に戻り、五代の之仲（一六七五〜一七二八）が酒造業、金融業を営んで大商人への道を歩みはじめ、やがて苗字帯刀を許されるにいたった。この五代の頃がちょうど文左衛門の時代に重なる。喜大夫はその一族の者であろう。

　堀田家の紋は縦木瓜（たてもっこう）紋である。この堀田家が正徳年間に建てたとされる家が国の重要文化財に指定されている「堀田家住宅」で、津島神社南鳥居のすぐ東側にあり、いま見学することができる。気にかかるのは木瓜紋の方で、堀田家のそれは四つ木瓜だが京都祇園神社の社紋は五つ木瓜。川村湊氏も「神戸平野の祇園神社の氏子の家では、夏に胡瓜（きゅうり）を家族の人数分お供えする風習がある」と述べ、胡瓜と祇園信仰の関係に言及されている。津島の紋も何かつながるのかも知れない。

○山もだんじりも、船二艘をからみたるものなり。予が目前を通る。心静かによく見る。

○山は頓而（やがて）五ともに皈る。初の順、だんじりは暫く間あり。神楽等いずれも有る由。良須臾（ややしばらく）して、市江のだんじりの次より、先程の六をいずれも皈る。予が見し所なんとにて児等も下り、作り花を人にとらせ、山の蛇も寸々にして、人

堀田家住宅①

堀田家住宅②

に与う。祭渡るとその儘見物も去り、やらい桟敷等もこぼつ。皈りまで見るもの大方なし。予も初の処、ごみにて難居ゆえ、兵八二階よりこれを見る。
○山のはやしかた鐘・大こ・笛なり。終夜はやす事なり。辰半仕廻なり。持参の米を飯に炊き、弁当に入れる。西北雲たちこめ、雨の気遣いあるゆえ、辰半発す。昨夜宿へ二百文遣わし、今日瀬左と両人して四百文遣わす。桟敷代ともの心なり。勝幡より段々天気よく快晴になる。甚目寺に而、弁当・酒給ぶ。志賀へ廻り、午半過ぎ皈る。予一人前、万事入用五百廿文。

さて、祭りも終りに近づいた。文左衛門は、目の前を通り過ぎるダンジリと山にじっと目を注ぎ、「心静かに眺めた」とある。やがて山は俄（にわ）かに舳先（へさき）を転じ、初めの順序に並び五艘が帰っていった。車楽船の方はしばらく神楽などを演奏して、これも市江車を先頭に、六艘が車河戸へ帰って行く。やがて子供たちが船から降りて来て、作り物の花や蛇などの破片を（厄除けにでもするのか）皆に配っている。見物人もいつの間にか居なくなり、係りの者が竹矢来（たけやらい）や桟敷（さじき）を片付けはじめた。邪魔になるので自分たちも宿に引き上げ、二階からぼんやり片付けが進むのを眺めた。祭りが終ったあとの物憂い感覚に浸っているのであろう。

お囃し方の鐘、太鼓、笛が「津島笛」を奏でていたが、これも八時過ぎには止んだ。自分たちも持参の米を炊いて昼弁当を作り、雨の気配もあるので、早々に出立することにした。昨日兵八へは二〇〇文渡したが、今朝さらに二〇〇文追加し、瀬左衛門と二人で四〇〇文払った。桟敷代も含めたつもりである。

津島を出て勝幡まで来ると天気も良くなり、甚目寺で弁当を食べ一杯やった。志賀を経由して午過ぎに帰宅した。帰って今回の出費を計算して見たら五二〇文だった。いまのお金でおよそ一三〇〇〇円、大人一泊、船を雇って祭り見物し、スズキを食べて酒も飲んだ。ちょうどよい計算であろう。

第四章　津島から佐屋へ

佐屋街道

熱田・桑名間の「七里の渡し」に対し、佐屋・桑名間を「三里の渡し」という。将軍家光が船に弱かったお蔭で佐屋路が開かれ、三里の渡しが実現したと言われるが、これには前段がある。

○初代義直公のとき海西郡立田新田内に鶉山新田という鶉の多く居る場所があり、しばしば鷹狩が行われていた。その折名古屋からの道筋にあたる佐屋で、お弁当などを召上る休息所として茶屋が設けられた。これが佐屋御殿の始まりで、その後寛永十一年、将軍上洛のさい御馳走所としてそこに座敷を設え、後ろに上洛殿が整えられた。（「延享二年・一七四五年、藩への書き上げ」）

尾張藩主義直公の鷹狩場の一つに佐屋川筋の「鶉山新田」があり、鷹狩の際の休憩所として、佐屋茶屋が作られ、これがのちに将軍上洛のときの「御殿」として整備された。もとは藩主の鷹狩がきっかけで、名古屋郊外の野原な佐屋の地が一躍クローズアップされ、幕府へ上申して寛永一一年の将軍上洛経路に組み込まれたのである。

佐屋宿から藩へ提出された「書き上げ」は、佐屋宿の歴史を知る手がかりとなるが、もうひとつ佐屋宿本陣の加藤五左衛門が記した「あらい日記」も佐屋を語る貴重な史料で、ともに『佐屋町史』が収録している。

○真砂が吹き上がりヨモギが所々に生えた地を「あらいの渡し」と呼んだが、のちには「佐屋」と名付けられた。津島から桑名へ往来する船が多いなか、最近は佐屋・立田からも桑名へ渡る船も増えてきた。しかし佐屋は宿の定めもなく、勝手に処々から船を出していた。寛永十一年はじめて「宿駅」に指定され、高札場も整備された。（「あらい日記」寛保三年・一七四三年）

佐屋が宿場として認められると、熱田から佐屋までの六里余のあいだに岩塚・万場宿（庄内川の両

万場の渡し（『尾張名所図会』）

岸二宿で一宿分、家光の時は船橋設置）と神守宿が立てられ、東海道の脇往還として、短いながら幕府道中奉行の管轄下に置かれた。宮宿から熱田台地を北上して名古屋城下へ向かい、途中古渡村の新尾頭を西へ折れて堀川にかかる尾頭橋を渡り、五女子（中川区五女子町）、烏森（中村区烏森町）を経て岩塚宿（中村区岩塚町）へ出、そこから庄内川を船で渡って対岸の万場宿へいたる。

佐屋までの道沿いの村はいずれも小村で、当初は宿場にあてる適当な村がなく、庄内川を挟んだ岩塚と万場の二村を一宿とみなして設定された。伝馬も半月交代とし、負担を減らしたのである。

○寛永十一年海東郡万場村・砂子村の義、佐屋路御伝馬所に仰せつけらる。（源敬様御代記録）

○寛永十三年、佐屋路岩塚駅を置き、万場と月半分を分ち、伝馬せしむ。知多郡の松木二千七百本と、金二百五拾両を引越し用に当つ。（『尾藩世記』）

砂子村は、万場村の北東スグにある小さな支村である。街道の並木として植える松は、知多郡から取り寄せた。少し前まで烏森辺に数本残っていたというが、いまはない。加えて宿場の整備に、二五〇両が与えられた。新しい宿駅のおかげで、万場から宮へは二里半、万場から佐屋へは三里半となった。

ところが佐屋宿までの三里半（一四キロ）は長すぎて、農民の助郷役が大変である、あるいは人馬とも疲れるとの訴えがあり、二宿のちょうど真ん中に神守宿（津島市神守町）が置かれることになった。

〇正保四年（一六四七）

神守村伝馬所に仰せつけらる。米四拾八石、松木四千二百九十本余り、引き料としてこれを下さる。来子年より御役勤め候筈にて、熱田へ公儀より年々下され候米の内、一石九斗四升五合、神守村へ致し候筈、仰せ出だされ候。（源敬様御代記録）

かくして宮宿から佐屋まで六里余の街道整備は終わった。

津島湊と佐屋湊の並立

三代将軍家光の上洛は三度ある。将軍職が秀忠から家光に譲られた「元和九年（一六二三）」、後水尾天皇が二条城へ行幸された時の「寛永三年（一六二六）」、将軍の威を示すため随従三〇万人で向かった「寛永十一年（一六三四）」、このうち最後の上洛は、往きが美濃路経由で、帰りが桑名から佐屋へ渡るものであった。

このとき尾張藩では、船が津島と佐屋のどちらへ着いても対応できるよう、両所に御茶屋を準備した。しかしおそらくは津島と考え、接待役の老中寺尾土佐守も、津島で料

佐屋代官所址の向かいが枳穀（からたち）垣、電信柱の位置が佐屋川の堤で、下った処に船着場がある。

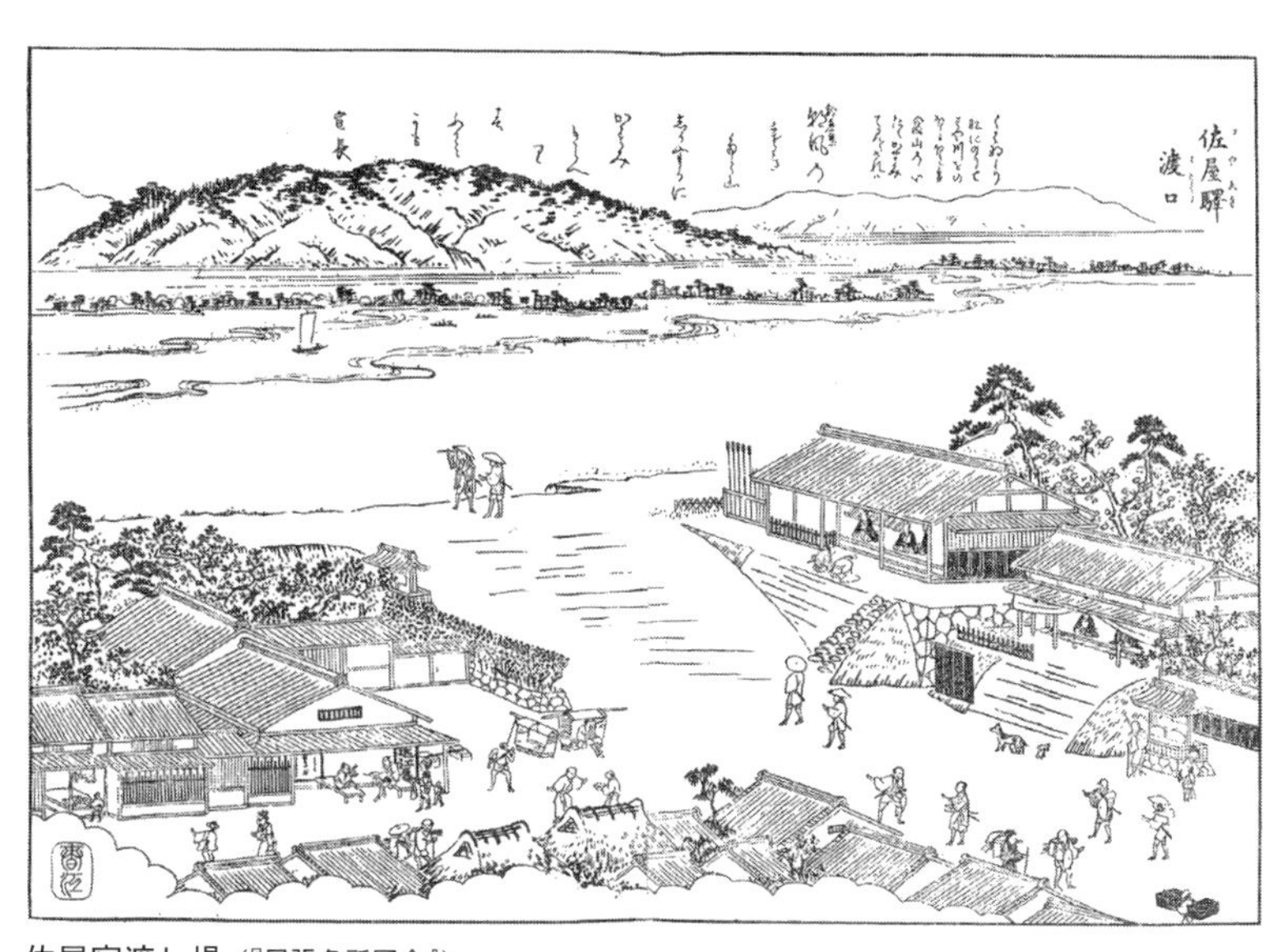

佐屋宿渡し場（『尾張名所図会』）

理を拵え待ち構えていた。ところが当日は大風が吹き荒れ、将軍は一刻も早く上陸したいというので、急きょ佐屋に着岸した。寺尾たちはずっと津島茶屋に待っていたため、混乱を来たしたという。

このように寛永の頃までは、津島・佐屋湊が並立する状況であった。しかし嵐が原因とはいえ、将軍が佐屋に上がり、そこの御茶屋で寛がれたという事実は重い。やがて佐屋路が脇街道として公認され、佐屋川の土砂堆積がさらにすすむと、ついに寛文六年（一六六六）、桑名湊への渡船場として津島湊は廃止された。おそらく津島側からは相当の抵抗があったと思われるが、桑名渡船のことは佐屋に一本化されたのである。

その後元禄八年（一六九五）には佐屋奉行が置かれ、佐屋の比重が増すなか、逆に元禄一一年、津島天王社への参詣客はそのまま船で津島湊まで行くことが認められた。津島側の巻き返しというより、参詣客の要望が強かったのであろう。佐屋まで来て急に船を降ろされ、この先津島まで三キロを歩けと言われても困る。土砂の堆積が進んだといっても、小型の船ならまだまだ津島へ行けたのである。

さらに享保九年（一七二四）には、「上十五日の間は、津島村より渡船相立つべく候」とされ、残りの十五日は、津島村から渡船を望む者が有っても佐屋まで歩いて、佐屋宿より渡船に乗るようにと定められた。津島は何とか息を吹き返したようだが、しかし土砂の堆積は待ってはくれない。土砂の浚渫には莫大な費用がかかり、幕府の援助がなければできなかった。時代は、幕府も藩も窮乏化への道をたどっており、やがて津島だけでなく、佐屋の湊も十分に機能しなくなるのである。

佐屋の水鶏塚

佐屋を通った著名人を、『佐屋町史』は挙げている。家康にはじまり尾張初代の義直公、オランダ商館員のケンペル、三井越後屋、伊能忠敬、川路聖謨など数いる中で、はっきりした足跡を残したのが俳聖松尾芭蕉であった。

元禄七年五月にはじまる旅は、芭蕉にとって最後の旅となった（九月二一日、大坂本町「之道亭」に没）。ここ数年、疎遠になっていた名古屋連衆（れんじゅ）との関係を修復するためか、二二日にわざわざ荷兮（かけい）宅に泊まり翌日には野水（やすい）宅を訪れている。そして最後の歌仙を興行したのち、二五日には荷兮、越人（えつじん）らが佐屋街道の烏森（かすもり）まで芭蕉を見送った。

しかし互いの胸の内の蟠り（わだかまり）は解けず、何となく後味の悪さが漂う。かつて連句集『冬の日』に結実した両

昭和35年頃の佐屋街道（『芭蕉塚めぐり』服部聖多朗撮影　泰文堂）

者の歴史的な邂逅は、すでに一〇年余り前のこと、名古屋の衆は「蕉風の確立」に貢献したが、「蕉風の深化」についていけなかった。この辺りの事情は、市橋鐸氏の「烏森の並木道」に詳しい。翁の伝書を偽作した路通への対応も名古屋連衆には不満であった。決定的だったのは露川をめぐる問題で、新人ながら負けず嫌いの露川はことごとに荷兮らに対抗し、その一方で巧みに芭蕉に従った。烏森の茶屋で名古屋の衆と別れたあと、何処からともなく露川が現われ、佐屋までのお供を買って出た。

　この夜、芭蕉は露川、素覧（露川門）をともない佐屋の山田庄左衛門宅に泊まった。この時の挨拶句の初案が「水鶏啼くと云えばや佐屋の浪枕」で、詠じた直後に厠へ立ち、戻ってすぐに「…人の云えばや佐屋泊」に改めたという話を、市橋氏は紹介している。

　この話は『佐屋町史』が「俳諧秘伝附録」を出典として載せているもので、概要はこうだ。

○佐屋の山田太郎左衛門の所で芭蕉翁が水鶏鳴くといへばや佐屋の浪枕」の発句を記したあと厠へ立たれ、戻ってから「もう脇句は付けたか」と問われた。「まだです」と答えると、「少々直したい」と言われ、「水鶏啼くと人のいえばや佐屋泊」とされた。この直しは正風深心があり、古池の句の心に通じるものである。

　この句は、のちに石碑に刻まれ「水鶏塚」として佐屋の名勝になる。寛保三年（一七四三）、佐屋宿本陣の加藤五左衛門家四代目の正峰が記した「あらい旧記」は、佐屋の地元民が綴ったもっとも古い著述で、そこに水鶏塚建碑のいきさつが記されている。

○水鶏塚出来の事（以下口語訳）

水鶏（佐屋公民館資料室蔵）

享保二〇年六月に水鶏塚が出来た。むかし俳諧の元祖芭蕉庵桃青という達人が行脚の折、佐屋の山田庄左衛門宅に五日間逗留し、その時詠じた発句、

《水鶏啼くと　人の云えばや　佐屋泊》

これを石碑に刻し、これを水鶏塚と称した。場所は八幡宮の西である。

建碑に助力したのは宇林（黒宮重蔵、足軽小頭）・寄潮（渡辺万右衛門、御舟手定詰御殿番）・志宣（加藤宗左衛門）・吟山（佐藤彦八、施主）ら四人と、建碑四年前に没した等亀（佐藤茂兵衛）である。

この水鶏塚は、正面に「水鶏啼くと人の／云へばや佐屋泊」と二行に刻し、その下に大きく「芭蕉翁」とある。碑の左面に建碑の由来を次のように刻している。

〇芭蕉翁は伊賀の国の産にして、氏は松尾を継ぐ。風雅を季吟老人に伝はり一生不住の狂客也。東南西北の風に移り逍遥すること三十余年、元禄八のとし皐月の初予師の行脚を此佐屋に送り山田何某の亭に五日をとどめ、水鶏の一巻を残す。其縁にひかれてこの里の俳士、竹の茂り麻の育に似たる。それが中に寄潮宇林麾を聚れば、等亀志宣助力を加へ吟山施主となつて墳を築き碑を建て其銘

現在の水鶏塚

明治20年頃の水鶏塚の景（宮戸松斎『尾張名所図絵』）

を乞。

背面には「師や」ではじまる芭蕉をたたえる解説文を記す。

○師や誦尽すたはふれ歌を、情に転し姿に移す
／師やあまざかる枕言葉を、今玉味噌の木曽路に変ず
／師や懐悟邪智に迷へるを、教へて正風自在となす
／師や実に居て虚に遊べるを、歎じて世に風雅の聖とす／月空居士露川。

その左面に「享保二十乙卯年五月十二日建焉夏雪渓氷虫操筆」とあり、氷虫は犬山藩士神谷久左衛門のことで、露川門の能筆として知られている。

市橋鐸氏は、これらの碑文を活字に書き起こしたあと、撰文を行った露川が元禄七年六月を元禄八年皐月とし、さらに佐屋での一夜泊を五日泊と誤っていることを指摘されている。

今榮蔵(こんえいぞう)氏の『芭蕉年譜大成』によれば、芭蕉が名古屋の荷兮宅で巴丈、越人らと十吟歌仙を巻いたのが元禄七年の五月二四日、名古屋を発ち鳥森まで見送られて佐屋に泊ったのは、二五日一日限りのことである。翌日は伊勢の長島に到り曽良(そら)の叔父の大智院に泊まっている。五日後には、伊賀上野に着いていているはずだ。史料の「あらい日記」「露川撰文」とも五泊と誤って記しているのだが、何故だろうという疑問も湧く。但し市橋氏が指摘する六月も五月の間違いで、話がややこしい。

この年の一〇月八日に、芭蕉は「旅に病んで夢は枯野をかけ廻る」と詠じ、その四日後帰らぬ人となった。たしかに死出の旅が待つ大坂へ、五日を一日に縮めてまで急ぐ必要はなかった。

【コラム1】『膝栗毛・津島土産』

名古屋にも十辺舎一九並みの戯作者がいた。本業は欄間の彫刻を手がける職人で、本名を「つた屋伊兵衛」という（『尾張津島見聞録』）。彼が文化一一年（一八一四）、石橋庵真酔のペンネームで書いたのが『膝栗毛・津島土産』、よほど評判だったのか甚目寺経由の初編のあと後編も出した。しかも後編の序は、どういう伝手を頼ったのか、本物の十辺舎一九が記している。

道中記の主人公は、弥次喜多ならぬ太郎兵衛と孫太。書き出しは次のような文からはじまる。

「うんつく太郎兵衛」という名古屋の片隅に住む怠け者が、以前は相当の商人だったが、知恵が及ばぬくせに山事（投機的な仕事）が好きで、あったら（勿体ないことに）身代を棒に振り、京・大坂から江戸まで流れたすえ、忘れがたい故郷へ帰って今はやもめの一人暮らし、今年は何か金儲けの話にありつこうと、神頼みは津島牛頭天王。参詣のため壁隣りのぶらてん仲間の「たらふくの孫太」を誘い、小風呂敷に焼き飯を包み、二人連れで枇杷島街道を巾下へさしかかる……。

ちなみに冒頭の「うんつく」は、知恵の足り

茶店の女が太郎兵衛の尺八を取って店へ引き入れる図（『津島土産後編』名古屋市蓬左文庫蔵）

ない者の蔑称で、「運尽くれば知恵の鏡も曇る」が語源とか、今も偶にお目にかかる言葉である。

初編の下巻は「かくて二人は新川の橋をうち渡り、弓手（左手）にとり、甚目寺の街道にかかる。ここに今川義元の首塚旧地あり。世に実検松という……」という書き出しで、ようやく新川にさしかかった辺りからはじまる。新川は、庄内川の洪水を防ぐための放水路で、五条川ともつないだ。天明七年（一七八七）に水野千之右衛門、人見弥右衛門らによって工事が行われており、道中記の書かれる二五年ばかり前に完成している。このあと甚目寺到着で初編は終わる。

後編はまず「序」に十辺舎一九の文を載せ、新屋村の小町塚、木田村の農家での昼食と話は進み、下巻は勝幡村の休み処で、江戸芸者の偽者になるところからはじまり、最後に津島の町に入る。

写本は名古屋市蓬左文庫がマイクロフィルムで公開しており、全編を見ることができるし、必要か所は実費でプリントできる。興味のある方はぜひご一読を、変体仮名だが時間をかければ何とか読める。

【コラム２】佐屋川、津島川の運命

木曽三川が河口に近づく勝幡・津島から弥富・桑名にかけて、大小さまざまな河川の脈流があり、水利と治水の問題が表裏の関係にあったことは、資料図からも理解されるだろう。図（１５７頁）は明治半ばの河流を現在の地形図に写したものだが、明治まで羽島市の南端で（桑原町小藪）木曽川に合流していた長良川が、築堤によって木曽川と隔てられて海津市南端の油島（木曽三川公園）に至り、ここから千本松原を挟んで揖斐川に併流し、河口近くなってようやく揖斐川に合する。つまりかつて木曽川、揖斐川と合していた長良川は、堤防で両川と隔てられ、河口近くまで独立した流れとなった。

一方の木曽川本流は、基本的に流路を変えていないが、枝流にあたる幾つかの河川が大きく様変わりした。

まず祖父江町拾町野（現、稲沢市祖父江町）で木曽川から分流した佐屋川は、鷹場新田（現、愛西市鷹場町）で領内川を合わせ、内佐屋の北（現、津島市と愛西市の境、津島高校辺）で津島川（天王川とも。上流は萩原川・足立川）を合わせた。しかし土砂の流入によって河床が上昇し、洪水被害が頻発するに及んで、各流路変更の大規模工事が行われるにいたった。図を参照しながら、その経緯をたどっておく。

津島川の天王公園以北を廃川とした

かつて稲沢の池部・矢合町で大きく曲流していた三宅川は、藤浪駅の北の根高町（現愛西市）で、北から流れてきた足立川と合して津島川となり、そのまま津島の町を南下して、現津島高校辺で佐屋川に合流していた。

足立川・三宅川の合流地点近くにあった織田家の居城「勝幡城」は、津島と津島川で結ばれ、佐屋川を経て桑名へも通じ、水陸交通の要衝を占めていた。織田家のめざましい発展の基礎は、水運を利用した富の蓄積であり、また人の流れがもたらす豊かな情報にあった。水上交通の占める役割は、今とは比較にならないほど重要であった。

しかし時を経て江戸時代となり、次第に佐屋川に土砂が堆積して河床が高くなり、増水時には津島川や三宅川へ逆流し、ときに堤防の決壊を招いた。そこで天明年間（一七八一～八九）、尾張藩用人人見弥右衛門、勘定奉行水野千之右衛門らは、津島川上流の足立川を下起村の西（現、稲沢市平和町下起北）で塞ぎ、そこから南西方向の嫁振、勝幡へ向けて、四〇間幅の直線流路「新日光川」を開削し、旧日光川につないだ。

一方三宅川も、名鉄津島線の勝幡駅西で旧日光川につないだ。これにより、津島川には水流がなくなったので、津島の天王橋で川を閉じて堤を築き、これより上流部は開墾して蓮田や水田とした。大正年間には宅地化も進み、今はわずかに新堀川の流れが、かつて水路を偲ばせるのみである。

一方、築かれた天王堤より下流は、佐屋川につながる「入江」となり、水が涸れることはなく明治三二年まで舟運がつづいた。しかしやがて佐屋川が締切られたため水路は閉じ、いまは池を中心

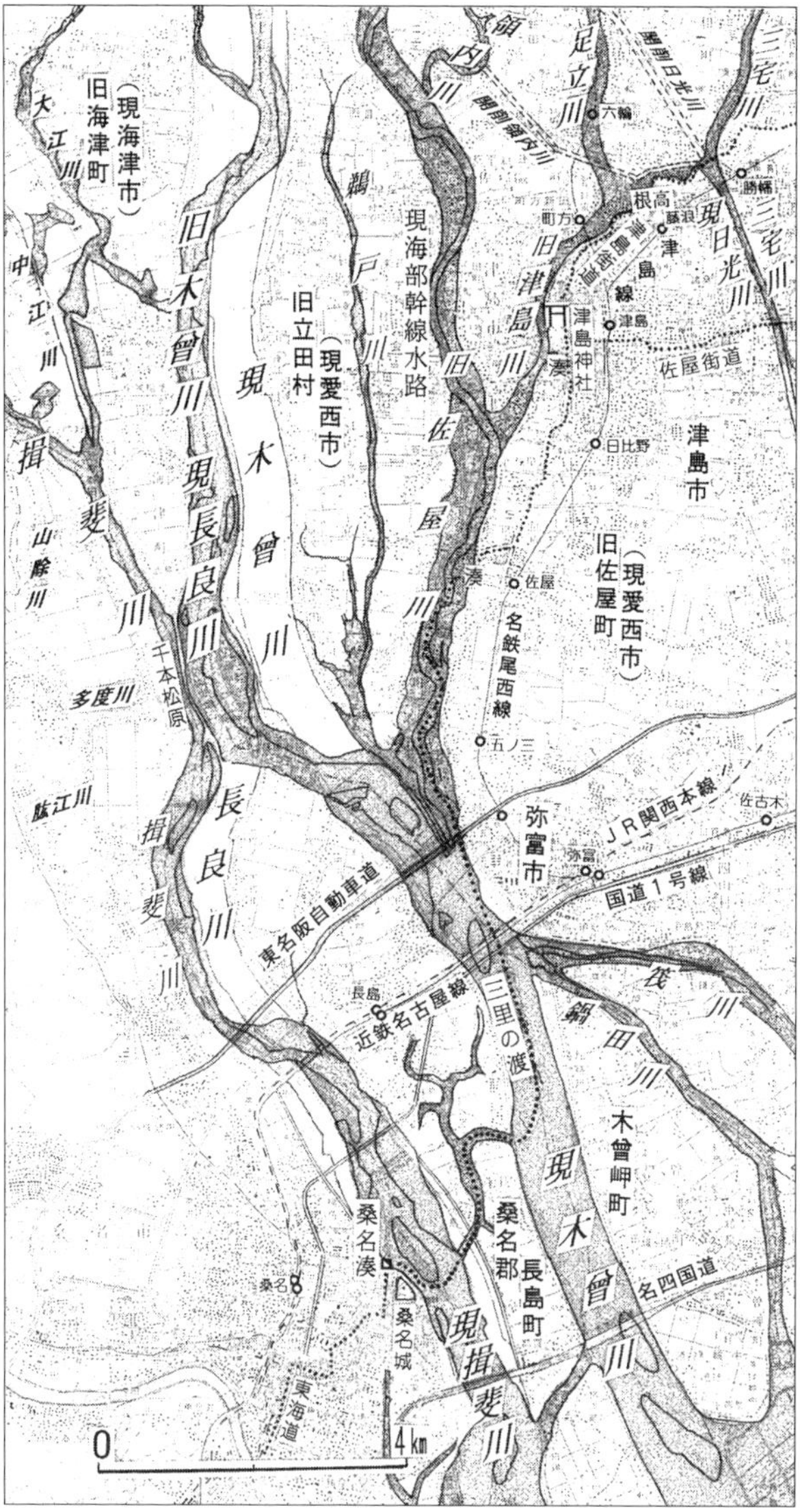

旧佐屋川を中心とした水路の変遷

とする天王川公園になった。

領内川を直接日光川へつないだ

かつて祖父江村（現、稲沢市祖父江町祖父江）から領内村（現、祖父江町二俣）を曲流しながら南下した領内川は、西川端で南東方向に向きを変えるが、むかしの水路跡が西方向に半円形に取り残され、佐屋川（現、海部幹線水路）の方へ向かっている。つまり最初は蛇行しながら佐屋川に合（がっ）していたが、佐屋川の河床上昇で流入が困難になり、享保一二年（一七二七）の改修で先端を南東に向け、草平町を通して兼平の西で津島川とつないだのである。

しかしこれも合流点の土砂堆積で流れが悪くなり、天明八年（一七八八）新たに現西川端橋から南東に掘割って草平で津島川へ流した。しかし合流点東側が沼地化したため、さらに掘り割りを延長して直接日光川へ繋いだ。つまり領内川は、流れる先を佐屋川、津島川、日光川と順次変えていったことになる。

佐屋川を廃川にした

かつて主要河川だった佐屋川も、江戸時代を通じて土砂の堆積が進み、幕末には瀬浚（せさら）えによってようやく「三里の渡」を維持する有様だった。明治三二年（一八九九）に木曽川との分流点である拾町野（じっちょうの）（現、稲沢市祖父江町拾町野）が締め切られ、以後廃川となって、一つの水路（現、海部幹線水路）として残った。かつての川原は砂丘化していたが、のちに水田化された。

以上が、木曽川の分流佐屋川と、三宅川の下流津島川の廃川にいたる経過である。

【コラム3】 尾張の四観音めぐり

名古屋を中心にして、東南に笠寺観音（南区笠寺町・十一面観音）、西南に荒子観音（中川区荒子町・聖観音）、西北に甚目寺観音（あま市甚目寺町・聖観音）、東北に龍泉寺（守山区吉根字松洞・馬頭観音）があり、名古屋の四囲を護る「尾張四観音」と称された。四寺とも名古屋開府以前の創建だが、なかでも甚目寺（真言宗智山派）の創建は白鳳時代にさかのぼり、四寺の筆頭とされる。初代藩主義直公からも寺領三〇〇石を贈られ、大いに繁栄した。

朝日文左衛門は、津島神社への通り道にあたる甚目寺へはしばしば訪れている。龍泉寺への回数も多い。最も少ないのが荒子観音だが、日記に一日で四観音参りを企てたヘンな記事が載る。

○（元禄五年）三月十五日　薄曇り、予、近友を誘引して四観音へ行く（加藤九十郎、高畑長右衛門、都筑分内、岡本治郎右衛門）。是れ脚下を試す為なり。寅の尅に家を出て、甚目寺に至り、屋に帰りて、又阿羅古（荒子）に行く。又家に皈るに、心気撓み股臑（マタとスネ）痛みて、予と加藤氏は二観音にて止りぬ。岡本氏高畑氏は終に四観音す。

元禄五年三月一五日は西暦の一六九二年四月三〇日で、いまならゴールデンウィークに入るあたりだが、文左衛門は近しい友人四人を誘い一日で四観音全部を回れるか試している。満年齢の一八歳、高校卒業記念の健脚競争といったところである。もっとも一年後には妻をもらうから、時代感覚は少し異なる。

午前四時に四人は家を出て、甚目寺行から始めた。四寺をめぐるといっても、次から次へ回るのではなく、その都度家に帰ってくるルールらしい。文左衛門は甚目寺へ行って帰り、次に荒子観音へ行って帰宅したところで、股と脛の痛さに耐え兼ね、加藤とともに試合放棄した。あとで確かめると、残る二人は四観音参りを達成したという。そこで念のために、それぞれが歩いた距離を調べてみた。

江戸時代の名古屋で距離を測るときに起点となるのは、伝馬町通りと本町通りの交差点「札(ふだ)の辻」である。ここから尾州各郡の村々までの距離が、寛文年間につくられた「覚書」に記されている。御城下へ年貢を運搬するための「距離の覚書」である。

その覚書に「札の辻から甚目寺へ二里（八キロ）、荒子へ二里（八キロ）、笠寺へ二里半（一〇キロ）、

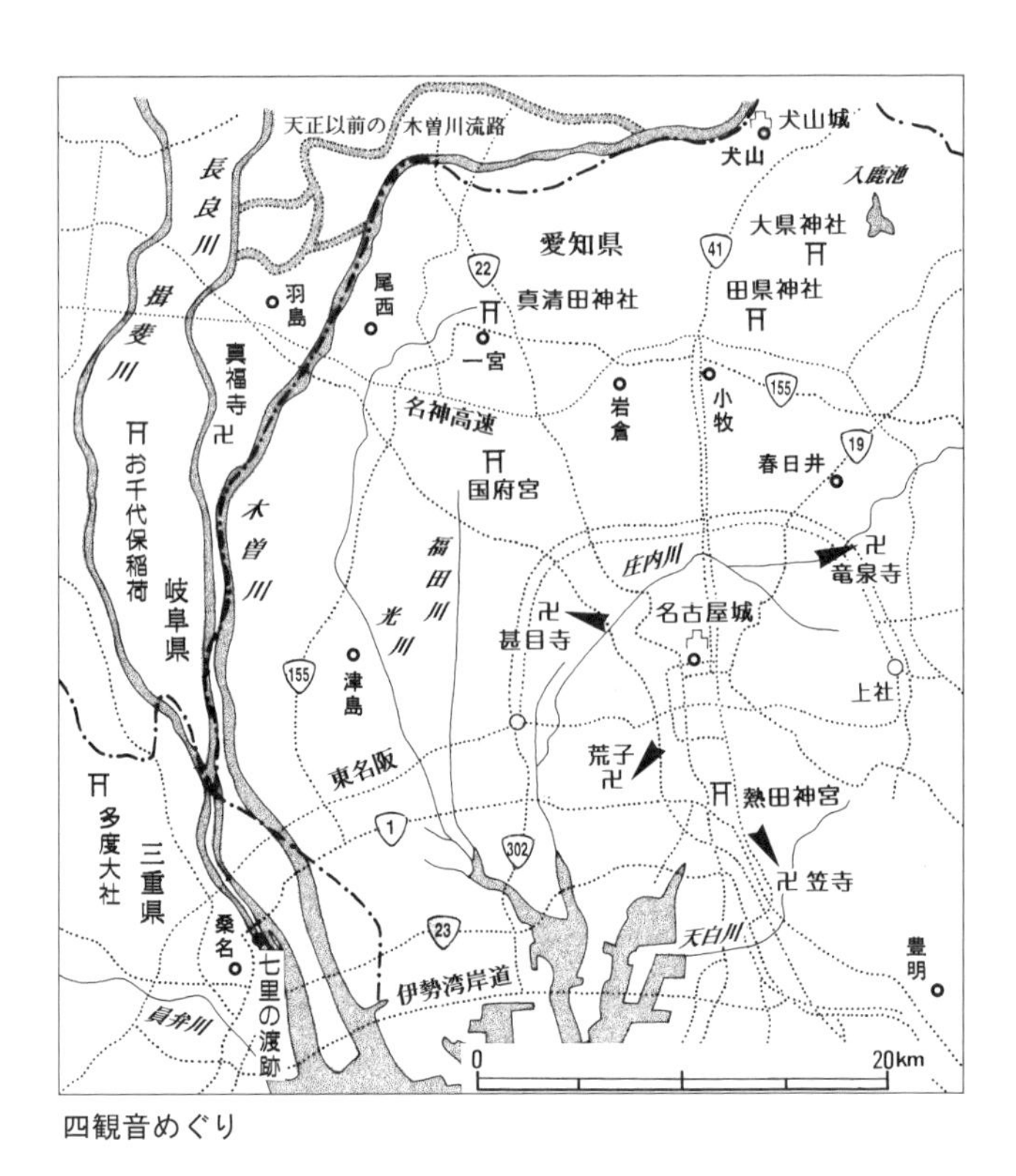

四観音めぐり

龍泉寺へ二里半（一〇キロ）」とある。いま明治の地形図で道のりを測ってみると若干の違いがあるが、概算ということで覚書の里数を用いる。

結果甚目寺の往復が四里、荒子の往復が四里で計八里、文左衛門は八里（三二キロ）歩いて脱落したが、実際は札の辻と朝日家の間が四キロ近くあり、おそらく四〇キロは歩いている。江戸時代の成年男子の旅程は一日に一〇里から一一里とされているから、男子の標準には達している。東海道

なら日本橋から品川、川崎、神奈川（横浜）、保土ヶ谷を経て、戸塚まで歩いたことになる。熱田からなら岡崎の先の藤川宿まで、今の時代の名古屋城下から中部国際空港まで歩いたことになる。四観音を制した高畑、岡本にいたっては、その倍の二〇里を踏破しており、一里一時間の計算なら二〇時間歩き通して、深夜零時頃の達成になる。もっとも現代でもマラソンが四二キロ余を走り、別に一〇〇キロを駆け足で走破するイベントもあるから、一概に不可能な数字とは言えない。

この四観音めぐりから一〇日も経たない廿三日に、今度は犬山の入鹿池を訪れ、日記には「入鹿紀行」なる長文の漢詩（？）を認めている。入鹿池まで五里半で、往復すれば一一里だ。その健脚には、あきれるよりほかない。

【コラム４】甚目寺観音

平成の市町村合併により、甚目寺町は美和町、七宝町と組んで、いま「あま市」となった。

甚目寺は古縁起に「推古天皇五年（五九七）まだ当地が海岸であった頃、伊勢国一志郡甚目出身の漁師甚目連龍麿が、尾張国江上庄の入江（現甚目寺の東南二〇〇メートル辺り）で黄金の聖観音を網にかけ、入江北の地に草堂を建て祀ったのがはじまり」とある。伊勢国云々は、三重県松阪市の「甚目町」を指す（旧、一志郡小野江村大字甚目）。尾張と同じ「甚目」の表記である。

聖観音像が網にかかる話は、江戸浅草寺の起源に似る。中世末に成立した『浅草寺縁起』には、「推古天皇の三六年（六二八）、檜前浜成・竹成兄弟が宮戸川（隅田川下流）で漁をしていると、投網に黄金の聖観音像がかかった。この像を見た地元の有力者土師直中知が屋敷を堂に改め像を祀った。これが浅草寺のはじまりで、同じ境内に並び建つ浅草神社（旧、三社権現）は、この漁師ら三人を祀る社である。
さらに浅草寺は、東京大空襲で焼失した本堂跡から奈良時代の瓦が出土し、古代から寺院の存在したことが確認されたが、甚目寺境内からも白鳳期の瓦が出土し、創建を七世紀後半とする根拠になっている。さらに一九九〇年の発掘調査では僧房跡と想定される掘立柱建物が検出され、その柱痕の年輪年代測定でも七世紀後半以降の建造が確認されている。

瓦に詳しい考古学者の八賀晋氏も、甚目寺出土の軒丸瓦を見て、「鎬を持つ花弁は高句麗様式と百済様式の合体で、地域色の強いもの」と指摘され、この寺を造営した「甚目氏」が海人を生業とする伊勢湾沿岸の各所を拠点とする豪族であり、古代においてかなりの勢力を誇示していた、と推測されている。

海人は海に潜ってアワビやサザエを採る女性のイメージだが、古代においてはより広範な「海運や造船」に携わる海の民であり、区別して「カイジン」と音読みする提案がされた（第14回春日井シンポジウム）。同様に、中世史の網野善彦氏は「海民」の語を用いられている。古代や中世社会においては、陸上より海上交通のほうが遥かに便利で、より遠くまで多くの物資が運べ、ときに列島を離れることも可能であった。その海人たちの拠点を示すのが海部郡で、列島各地（隠岐、豊後、紀伊、尾張）にその名を残している。

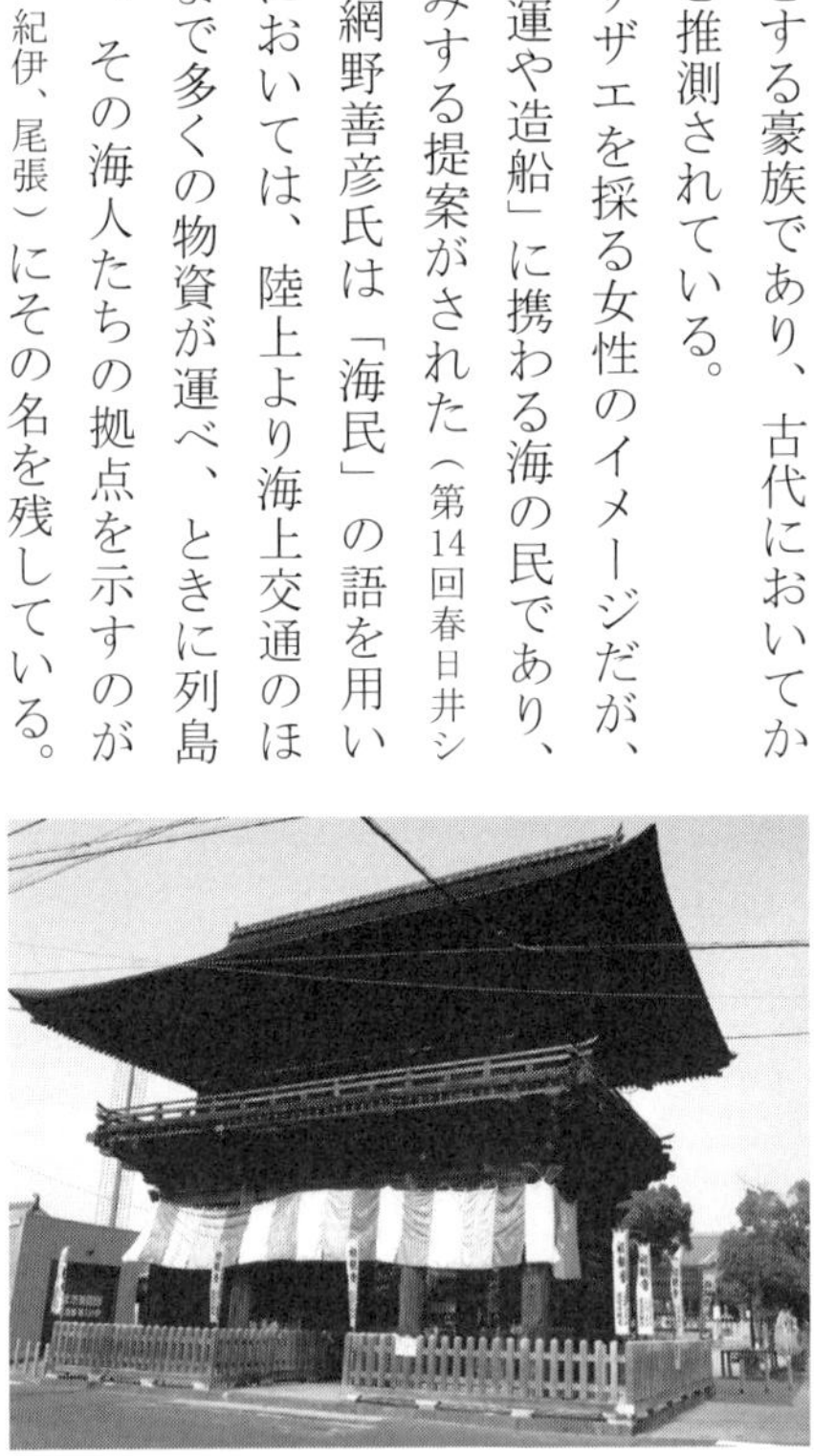

甚目寺南大門

甚目寺本堂

アマを表す漢字は海人のほかに、海、海女、海士、海部などたくさんある。

甚目寺は、平安時代には七堂伽藍も整い隆盛を極めたが、のち地震に遭遇して倒壊、鎌倉初期に聖観上人により再興された。現在に残る南大門は、建久七年（一一九六）頼朝の命を受けた梶原景時が、普請奉行となって再建したと伝えられ、「梶原景時奉行」の棟札も残るという（重文）。津島街道の突き当りに位置する東門は、室町時代の建築で（重文）、門外には立場茶屋が多く建ち並んでいた。近代になり明治六年の失火で本堂が焼失し、のち長く仮堂だったが平成四年（一九九二）に鉄筋コンクリートで再建された。

三重塔（重文、昭和三二年解体修理）は江戸の寛永四年（一六二七）に名古屋商人の寄進により再建されたもので、欄干の擬宝珠銘には「尾州甚目寺三重塔。寛永四年丁卯九月吉辰。施主名護野両替町吉田半十郎政次」とある。

甚目寺本尊の聖観音は、閻浮檀金（インド大陸の巨大な閻浮樹の下にある金塊で出来た）の秘仏で、三一年目ごとの御開帳とある（旧版『名古屋市史』）が、ほかに三三年・一一五年ごとの御開帳と記す書もある。いずれにせよ生涯に一度拝観できるかどうかで、実見した人は少ない。先日他の件で調べものをしていたら、『仏像』（一九六一年・学生社）に秘仏の写真が掲載され、拝観に至った経緯が書かれていた。

著者の久野健氏は当時東京国立文化財研究所の技官で、各地の乾漆像とナタ彫の仏像を調査しながら愛知県入りし、県教委の関係者も加わって甚目寺を訪れた。予め調査の依頼状を出しておいたが回答はなく、前にもX

甚目寺三重塔

線撮影を断られたことがある。案の定信徒総代らはご開帳に難色を示し、仕方なく出土瓦など撮影する間、県関係者と信徒の間で交渉が行われた。そのうち住職が紙を割いてコヨリを作り始めたのでほっとした。コヨリは懐紙に通してマスクを作り、秘仏の扉を開けるときに着用するからである。やがて扉が開かれ目の前に現れた秘仏は等身大よりやや大きく、頭部は乾漆造だが、頸から下は木彫であり、宝冠も近世のもので化仏も木彫であった。つまり奈良朝様式は頭部のみという不思議な像で、後世の彩色の所為で尊容をひどく損じているが唐朝様式の面影はのこっている。許可を得て、二枚の写真を撮った。信徒総代の中に寺の創建にかかる甚目氏の子孫がおられたので、「ご本尊は乾漆像が分布する地域の東限で、甚目氏の祖先はきわめて進歩的な思想の持主で、大陸の工人かあるいは奈良から仏師を呼んで乾漆という新技法で本尊を作らせたのであろう」と臆説を述べた、とある。

　掲載されている写真の像は、たしかに頭部と胴部では感じが異なり、木に竹を接いだような違和感がある。おそらく明治六年の火災で頭部以外が失われ、胴部より下を木彫で修復したのだろう。しかし頭部のみとはいえ、今日確認されるものでは最も東にある乾漆像で、美術史的には大きな意味を持つ。久野氏はこのときの印象が余程強かったのか一〇年後にも「秘仏」と題し「奈良の乾漆仏とは違ってたいへん異国的であり、唐の仏像を直接に写したものではないかと強く感じた」と書かれている（『古美術』一九七二年一二月、のち『秘仏』学生社・一九七八年に収録）。

　この作風については、別な意見もある。佐藤昭夫氏らは「この乾漆造りの頭部は、われわれが奈良で知っている乾漆像とはかなりおもむきがちがう。後世の彩色などのハンディキャップをさしひいて考えても、都で仏像を造ったことのある仏師の作とは考えにくい。奈良時代にこの地方で乾漆の技術を知っていた仏師がいたのだろうか」（『日本古寺巡礼』現代教養文庫・一九六五年）と述べられ、奈良の乾漆像一般とは異なる異国的風貌を、技術の稚拙（ちせつ）さとされている。唐仏の写しか、乾漆技術の未熟さか、三〇余年に一度の御開帳ではなかなか判断がむつかしい。

ところが先日甚目寺を訪れた際、二〇一二年の一一月に特別のご開帳があったことを知った。なんでも三重塔本尊の木造愛染明王坐像（一〇二センチ）が、重要文化財に指定された記念の御開帳という。同像は前年の解体修理で、胎内から合子（ごうす）に納められた胎内仏（愛染明王像・六・六センチ）が発見されており、ともに鎌倉時代の作（文永・弘安の役頃か）である。解説書には、弘安七年（一二八四）に稲沢の性海寺から移された像とある。最近この種のニュースに疎（うと）くなった所為（せい）か、十一面観音の特別ご開帳のことを知らずにいた。次のご開帳が何時か知らないが、おそらく寿命がもたないだろう。心残りのことではある。

話をひっくり返すようだが、甚目寺の本尊はと問われると、いささか迷う。

久野氏は甚目寺本尊の拝観を許される以前に、本尊のX線撮影を依頼して断られている。「信者が信仰している胎内仏（聖観音像）を透過撮影されるのは困る」というのが理由であった。寺の縁起にある「漁師の甚目龍麿の網にかかった黄金の聖観音像」が胎内に納められていると、永年言い伝えられてきたから、旧版『名古屋市史』では「ご本尊は正（聖）観音菩薩像」と記している。つまり甚目寺の十一面観音の胎内には、寺の創建に関わる黄金の聖観音が納められており、旧版『名古屋市史』の言うように、こちらがご本尊とも受け取れる。胎内に仏像を納める外側の像を「鞘仏（さやぼとけ）」と言う。刀の鞘のような役割だ。いま多くの解説書は甚目寺の本尊は「秘仏の十一面観音」とし、その胎内仏は「聖観音」としている。つまり鞘仏であり、さらに絶対秘仏の胎内仏があるわけで、こちらは誰も拝観したことがない。本堂前の説明板にも「本尊・聖観世音菩薩」と記したうえで、「三国伝来の聖観音を十一面観音の胎内仏として奉っています」と記している。

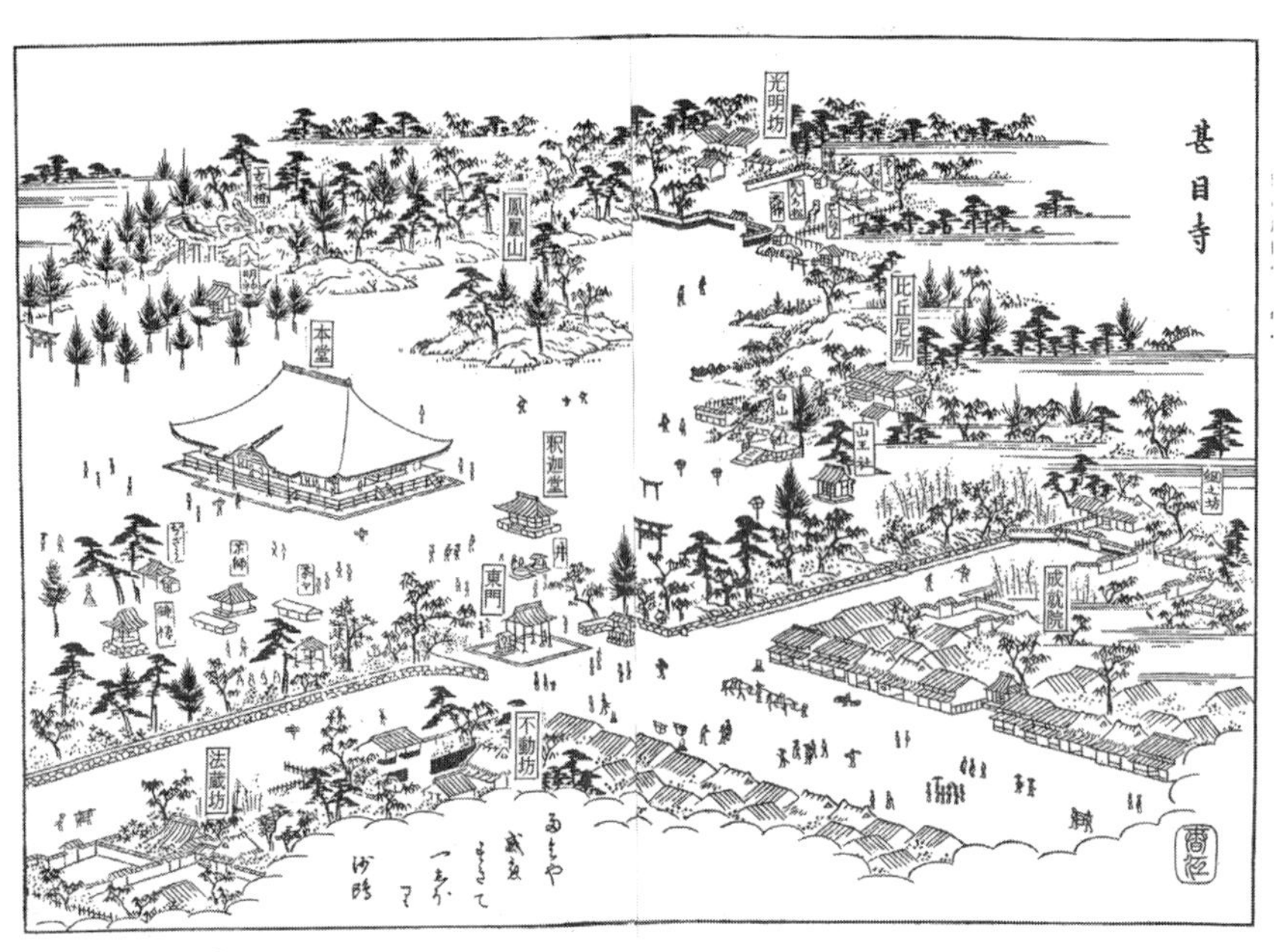

甚目寺境内図①（『尾張名所図会』）

久野氏の『仏像』では、甚目寺の本尊を「観音像、乾漆像」としながら、それ以上の具体的名称は避けていられる。次の視察地の岐阜市美江寺では、はっきり「乾漆造の十一面観音像」と記されており、好対照である。のちに書かれた『秘仏』には「甚目寺の本尊十一面観音」とあるから、当初は意識して「本尊」の言葉を避けられたのかもしれない。

十一面観音は、頭部に十ないし十一の仏面をもつ。多くの場合左手に水瓶を持ち、右手は体の側面にまっすぐ垂らしている。一方の聖観音は一面二臂で、宝髻（高く結い上げた髪）に化仏（阿弥陀如来）を付ける。甚目寺のそれは、不釣り合いに大きな近世の宝冠が頭部を隠していて、十一の仏面があるかどうか、写真からはわからない。ただし右手には蓮華を挿した水瓶を持っているらしく、写真には辛うじて花の先端部分がのぞいている。十一面観音とさ

甚目寺境内図②（『尾張名所図会』）

れている以上、宝冠の下の仏面が確認されているのだろう。

『尾張名所図会』が描く甚目寺の伽藍は、現在の境内配置とほぼ同じだが、『鸚鵡籠中記』に朝日文左衛門が記す「本堂の下、三重塔の下、みな石垣になる」箇所は見当たらない。『尾張名所図会』の成立は天保一二年（一八四一）で、日記の凡そ一五〇年後になる。その間に改変があったのだろうか。

朝、ゆっくり御城下を出立すれば、二里離れた甚目寺でだいたい昼時になる。正徳二年（一七一二）の記述には「堂の北の岡にて弁当開き……」とある。今はいくら探しても住宅ばかりで丘が見当たらないが、『尾張名所図会』には、本堂のうしろに「鳳凰山」と記された立派な丘が描かれている。なるほど弁当を開くには絶好の場所だ。

南大門を出たところの東林坊辺に甚目

寺会館があり、その三階が歴史民俗資料館になっている。以前に訪れたときは、平成一三年の火災の話を聞くことができた。その時に貰った中日新聞記事のコピーに「国重文の菩薩立像など焼失」と大見出しがあり「一月二十日午後八時十五分ごろ、愛知県甚目寺町甚目寺東門前一、甚目寺観音内にある法花院の本堂兼庫裏から出火、木造平屋約五百十平方メートルを全焼した」と記されている。いま三重塔の西に位置する法花院は、新しい堂舎になっている。

おわりに

名古屋城で当時「お城」と呼ばれていたのは、本丸天守ではなく二の丸御殿である。藩士たちが「登城する」といえば、二の丸正門にあたる「黒御門」をくぐり、二の丸の表御殿（役所）へ出勤することだった。表御殿のうしろに中奥、奥とつづき、これは藩主のプライベートな住まいにあたる。地下鉄市役所駅を降り、大津通の歩道「金シャチ横丁」を抜け東鉄門跡（枡形の石垣が残る）を入るとそこが二の丸御殿で、いまの東門切符売り場はかつての御殿内になる。この御殿建物を西に突っ切って本丸へ向かうのである。県体育館北の石垣辺がかつての黒門で、天守閣を眺めながら本丸の南二之門をくぐる頃には、すでに重要な政庁である「お城」を通り過ぎている。

朝日文左衛門は元禄一三年に二七歳で御畳奉行を拝命しているが、元々は御城代組同心である。殿様が国元にいないときお城を守るのが御城代で、同心はその直属の部下である。本丸と御深丸の二チームに分かれ、各チーム三人ずつ八組で、計四八人、これに小頭二名がつく。勤務日は一昼夜で、一見大変そうに見えるが、八組の輪番だから勤務は九日に一回、夜も徹夜するわけではない。彼ら一〇〇石取りの実収は三五石ほどで、一石が一両、一両が一五万円の計算なら、年収は五〇〇万円余になる。屋敷地も三〇〇坪以上あり、野菜も作れるだろう。悪くない。

文左衛門の最初の任務は御本丸番だった。本丸内の門扉や多門（倉庫）の錠前チェックが主な仕事で、いちいち本丸御殿や天守閣に入ることはしない。それでも初出仕の日、文左衛門は本丸御殿の上洛殿を見学し、大いに感動した。

〇元禄八年（一六九五）一月一六日　予、今朝より始めて御本丸の御番に出る。申の刻前（午後三時）に、御上洛の御座敷を見物す……五彩金光に映じ、百色銀影に浮かぶ。端厳清美一々述ぶべからず。

その本丸御殿がこのほど復元され、三二〇年前の文左衛門と同じ贅沢な感動を味わうことができる。さらに一年半後、文左衛門は勤務中に初めて天守へ登った。

○元禄九年七月八日　予、当番。御天守奉行両人出る（足軽並びに磨き屋など多く来る）。
○予、始めて御天守へ登る。

生涯一度の天守体験で、感想を怪しげな漢詩に記しているが、略した。天守閣へは天守鍵奉行の許可がなければ入れない。たまたま勤務日が天守の清掃日に重なり、天守へ登ることができた。御城警備の役得であろう。ときの三代藩主の綱誠公も、一度だけ天守閣へ入っている。

○元禄八年一月二八日　昼前、公、御天守へお成り遊ばされ、御城代衆に御手自ら熨斗を下さる。
御天守（鍵）奉行にも御意あり。

殿様が天守から下界を眺める図をよく見かけるが、実際は、ご金蔵や倉庫施設の視察を行う半ば儀式めいたもので、そのさい随行者に手ずから「熨斗」を下さるのが慣例である。こののち歴代の藩主も、在任中に二、三回本丸御殿と天守閣の視察を行っているが、複数回の場合は修復の確認などの実務であり、最上階から下界を眺めるのが目的ではない。

筆者も彼是二〇回以上名古屋城を訪れているが、天守に登る気はさらさらない。天守閣は外から眺めていて、美しいと思う。それでも一度だけ登った。「城の設計で、本丸東門・二の丸北縁・安土（外堀の土居北東角）を結ぶ線を基準線とした」とする説を実際に確かめたくなり、これを見通すために天守へ登った。その一度だけで閉口した。筆者の体型は、登るのに向いていない。

参考文献

『鸚鵡籠中記』一～四（名古屋叢書続編九～一二巻　一九六五～六九年　名古屋市教育委員会）
『士林泝洄』一～四（名古屋叢書続編一七～二〇巻　一九六七～六八年　名古屋市教育委員会）
『尾藩世記』（名古屋叢書三編2～3　一九八七年　名古屋市教育委員会）
『編年大略』（名古屋叢書四・記録編1　一九六二年　名古屋市教育委員会）
旧版『名古屋市史』人物編一・二（名古屋市役所　一九三四年）
旧版『名古屋市史』政治編一・二（名古屋市役所　一九一六年）
旧版『名古屋市史』社寺編（名古屋市役所　一九一五年）
新修『名古屋市史』一～四巻（名古屋市教育委員会　一九九七～九九年）
『名古屋の史跡と文化財（新訂版）』（名古屋市教育委員会　一九九〇年）
『寛政重修諸家譜』（新訂版全二二冊　続群書類従完成会　一九六四～六七年）
『史記』本紀（徳間文庫カレッジ　二〇一六年）
『史記』列伝（岩波文庫全五冊　小川環樹ほか訳　一九七五年）
『白楽天詩選』（岩波文庫全二冊　川合康三訳　二〇一一年）
『海上の道』（岩波文庫　柳田国男著　一九七八年）
『尾張名古屋の武芸帳』（大下武著　ゆいぽおと　二〇一七年）
『尾張国地名考』（津田正生著　海部郡教育会　一九一六年／マイタウン　一九八七年）
『俳文学大辞典』（角川学芸出版　二〇〇八年）
『芭蕉年譜大成』（今榮藏著　角川書店　二〇〇五年）
『芭蕉塚めぐり』（市橋鐸・服部聖多朗著　泰文堂　一九六〇年）
『伊勢と熊野の海』（海と列島文化八　森浩一編　小学館　一九九二年）
『牛頭天王と蘇民将来伝説』（川村湊著　作品社　二〇〇七年）
『渓嵐拾葉集』（慈眼坊光宗　応長元年～貞和四年）

『雲州樋河上天淵記』（群書類従第二輯、神祇部　巻第二八　一九三〇年所収）
『佐屋町史』資料編一（佐屋町史編纂委員会　一九七五年）
『歌行燈』（泉鏡花著　新潮文庫　一九五〇年）
『東海道中膝栗毛』（岩波書店「日本古典文学大系」　一九五八年）
『張州府志』（宝暦二年完成、松平君山ら　第一次官撰地誌／名古屋史談会　一九一六年／復刻　一九七四年）
『「七里の渡し」考』（文化財叢書第六〇号　一九七三年）
『東海道名物膝栗毛』（八木洋行著　静新新書　二〇〇九年）
『勢陽五鈴遺響』（三重県郷土資料叢書二五集一～五　安岡親毅著　三重県郷土資料刊行会　一九七五年）
『山海名産図会』（蔀関月著　名著刊行会　一九七九年）
「（熱田より桑名迄）海上絵図」（鶴舞図書館　岩瀬文庫所蔵／文化財叢書六〇「七里の渡し」考　一九七三年）
『江戸料理史・考』（江原恵著　河出書房新社　一九八六年）
『飲食事典』（本山荻舟著　平凡社　一九五八年）
『図説江戸時代食生活事典』（日本風俗史学会編）
『桑名市史』（桑名市　一九五七年）
『三河雀』巻四（花翁著　宝永四年　一七〇七年刊。「近世三河地方文献集」（久曽神昇ら編　国書刊行会　一九五九年）所収。
『海道記』（岩波文庫　一九三五年）
『宗長日記』（岩波文庫　一九七五年）
『更級日記』（岩波文庫　西下経一校中注　一九三〇年）
『海上の道』（雑誌『心』五巻　一〇～一二号、一九五二年　酣燈社／岩波文庫　一九七八年）
『尾張国熱田太神宮縁起』（熱田神宮文化叢書第一　尾崎知光　一九六七年）
『尾張名所図会』（全七冊　高力猿猴庵　江戸末期　名古屋史談会複製　一九四〇年）
『小治田真清水』（『尾張名所図会』附録　岡田啓・小田切春江著　名古屋温故会　一九三〇年／復刻　一九七一年）
『松濤棹筆（しょうとうとうひつ）』（奥村得義著　名古屋叢書三編九～十　一九八六年）

『金城温故録』（奥村得義著　一八六〇成立　名古屋叢書続編一三〜一六　一九六七年）

『金鱗九十九之塵・上』（桑山好之著　弘化頃成立　名古屋叢書六　名古屋市教育委員会　一九五九年）

『義楚六帖』巻二一　国城州市部四三（釈義楚撰、後周の顕徳元年　西暦九五四年に成立）

『熱田駅・熱田運河・常滑線の今昔』（野村眞平著　二〇一三年）

『伝演味玄集』（一七四五　諸星吮潮斎）

『山家集』（下雑一三三六より　「岩波古典文学大系」二九　一九六一年）

『桑名藩』（シリーズ藩物語　郡義武著　現代書館　二〇〇九年）

『第一六回春日井シンポジウム　資料集』（春日井市教育委員会　二〇〇八年）

『第一七回春日井シンポジウム　資料集』（春日井市教育委員会　二〇〇九年）

「津島牛頭天王祭文」（津島神社蔵『津島市史』二　一九七五年）

「牛頭天王講式」（興禅寺蔵『津島市史』二　一九七五年）

「津島とお天王さま」（小嶋廣次『海と列島文化』八　小学館　一九九二年）

「日本の祭」（『新編　柳田國男集』第五巻　筑摩書房　一九七八年）。

『式内社調査報告』（第八巻　皇學館大學出版部　一九八九年）

『神道事典』（弘文堂　一九九九年）

『神社辞典』（白井永二・土岐昌訓編　東京堂出版　一九九七年）

『神道雑々集』（貞治年間の成立か　著者不詳　彰考館文庫本）

『津島神社』（神社紀行32　学習研究社　二〇〇三年）

『尾張津島見聞録』（黒田剛司ら著　津島商工会議所　二〇〇八年）

『三宝絵』（岩波・新日本古典文学大系　一九九七年）

『名陽見聞図会』（歌月庵喜笑〈小田切春江のこと〉　美術文化史研究会　一九八七年）

『津島町史』（海部郡津島町　一九三八年／復刻名著出版　一九七三年）

大下　武（おおした　たけし）

一九四二年生まれ。早稲田大学文学部国史専修卒業。近代思想史専攻。愛知県立高校教諭を経て、春日井市教育委員会文化財課専門員として、一九九三年から二十年間「春日井シンポジウム」の企画、運営に携わる。

現在、ＮＰＯ法人東海学センター理事。

東海学センターは、二十年つづいた春日井シンポジウムのあとを受け、民間で歴史シンポジウムの継続を担うために立ちあげられた法人組織。二〇一八年十月十四日に第六回東海学シンポジウムを開催。

著書に『城北線　歴史歩き』『愛環鉄道　歴史歩き　上、下』『スカイツリーの街　歴史歩き』（大巧社）、『遠いむかしの伊勢まいり』『元禄の光と翳―朝日文左衛門の体験した「大変」―』『尾張名古屋の歴史歩き』『朝日文左衛門と歩く名古屋のまち』『尾張名古屋の武芸帳　朝日文左衛門の武芸遍歴』（ゆいぽおと）。

装丁　三矢千穂

朝日文左衛門の参詣日記　二つの社と二つの渡し

２０１８年10月17日　初版第１刷　発行

著　者　大下　武

発行者　ゆいぽおと
〒４６１-０００１
名古屋市東区泉一丁目15-23
電話　０５２（９５５）８０４６
ファクシミリ　０５２（９５５）８０４７
http://www.yuiport.co.jp/

発行所　ＫＴＣ中央出版
〒１１１-００５１
東京都台東区蔵前二丁目14-14

印刷・製本　モリモト印刷株式会社

内容に関するお問い合わせ、ご注文などは、
すべて右記ゆいぽおとまでお願いします。
乱丁、落丁本はお取り替えいたします。

ISBN978-4-87758-473-3 C0026

ゆいぽおとでは、
ふつうの人が暮らしのなかで、
少し立ち止まって考えてみたくなることを大切にします。
テーマとなるのは、たとえば、いのち、自然、こども、歴史など。
長く読み継いでいってほしいこと、
いま残さなければ時代の谷間に消えていってしまうことを、
本というかたちをとおして読者に伝えていきます。